믿고 맡기는 요령

MAKASERUKOTSU by Wataru Yamamoto
Copyright ⓒ Wataru Yamamoto 2023
All rights reserved.
Original Japanese edition published by Subarusya Corporation, Tokyo

This Korean edition is published by arrangement with Subarusya Corporation,
Tokyo in care of Tuttle-Mori Agency, Inc., Tokyo through ERIC YANG AGENCY, Seoul

이 책의 한국어판 저작권은 EYA Co.,Ltd를 통해
Subarusya Corporation과 독점 계약한 (주)알에이치코리아에 있습니다.
저작권법에 의해 한국 내에서 보호받는 저작물이므로 무단전재 및 복제를 금합니다.

믿고 맡기는 요령

성과도 내고
팀원도 성장시키는
팀장의 비밀

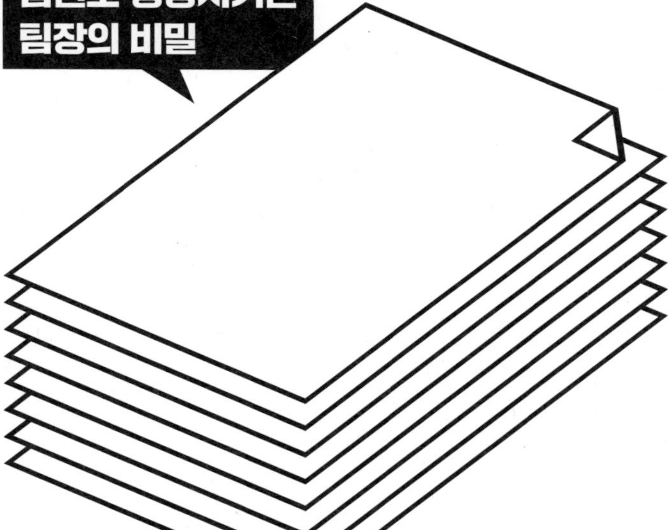

야마모토 와타루 지음
박재영 옮김

RHK
알에이치코리아

시작하며

'일을 맡긴다'는 것은 왜 이렇게나 어려울까?

쉬운 일처럼 보여도 남에게 '일을 맡기지 못하겠다'라며 고민하는 사람을 내 주위에서도 많이 볼 수 있다. 이는 비즈니스 현장이나 집안일 같은 일상생활에서도 마찬가지다.

나 역시 한때는 남에게 일을 맡기지 못해서 혼자 떠안곤 했다. 이 책을 선택했다는 것은, 당신도 그런 사람이라는 뜻이 아닐까?

이 책을 읽으면 여러분도 반드시 일을 믿고 맡길 수 있을 것이다. 단순히 일을 맡기는 데서 그치지 않고, 상대를 성장시켜 오히려 고맙다는 말을 들을 수 있다.

나는 현재 대형 마케팅 회사의 제너럴 매니저 겸 리더들을 이끄는 총괄 디렉터로서 연간 100건에 가까운 프로젝트 위임 및 의뢰를 담당하고 있다.

규모가 크고 작음을 막론하고 지금까지 수많은 일을 의뢰해(맡겨) 왔다. 그 과정에는 성공도 있었고, 그 몇 배에 이르는 실패도 있었지만, 모두 배움으로 이어졌다.

이 책을 다 읽은 여러분이 '믿고 맡김'을 효과적으로 실천해 주변 사람들 역시 의뢰받은 일을 기꺼이 받아들이게 되기를 바란다. 그런 마음으로 현장에서 겪은 경험을 아낌없이 쏟아부었다.

'맡김'이라는 단어에서 부정적인 인상을 받았을지도 모른다. 남에게 일을 맡기면 그만큼 누군가가 힘들어진다고 생각할 수도 있다. 하지만 이 책의 의도는 정반대다. 의뢰받은 사람이 만족감과 성취감을 느낄 수 있는 '부탁으로서의 맡김'이란 무엇인지 정리했다. 그런 의미에서 '나도 상대방도 편해진다'라는 말에는 기분까지 아우르는 넓은 의미의 '편안함'이 담겨 있다. 따라서 '맡김'이라는 말에 부정적인 인상을 가진 사람일수록 꼭 읽어야 할 책이다.

평소 매니지먼트 업무를 하며 '잘못된 맡김'이 만연하다는 점, 그리고 상대방을 고려한 '올바른 맡김'은 개인의 성장을 촉진하고 조직 전체를 행복하게 만든다는 것을 실감한다. 두 가지 차이를 제대로 알게 된다면, 일을 무모하게 배정해 자기만 편해지려는 사람은 더 이상 없을 거라고 확신한다.

- 남에게 일을 제대로 부탁하지 못한다.
- 팀워크가 매끄럽지 않다.

- 팀원이 원하는 대로 움직여 주지 않는다.
- '내가 직접 하는 게 더 빠르다'는 생각 때문에 일을 맡기지 못한다.
- 신입사원 교육 담당을 억지로 맡아 불안하다.
- 자신도 모르게 일을 떠안아 버린다.
- 자신과 똑같은 수준으로 업무할 수 있는 사람을 원한다.
- '업무 효율이 떨어진다'는 말을 자주 듣는다.
- 근무 시간이 길어 개인 시간을 확보하지 못한다.

이런 사람들에게 이 책은 반드시 유용할 거라 생각한다. 일터에서 얻은 경험을 바탕으로 썼지만, '믿고 맡기는 요령'은 비즈니스뿐만 아니라 다양한 분야에서도 도움이 된다.

- 배우자가 집안일을 더 맡아 주면 좋겠다.
- 학부모회나 아파트 관리위원회의 회장을 떠맡게 되었다.
- 결혼식 뒤풀이 주선자가 되어서 여러 사람을 모아야 한다.

누군가에게 부탁할 기회는 일상에서 피할 수 없을 만큼 많다. 그렇다면 차라리 잘 부탁할 수 있게 되는 편이 더 현명하지 않을까? 게다가 부탁받은 사람이 기뻐한다면 금상첨화다.

이 책에 담은 내용을 실행하는 데 특별한 능력은 필요 없다. 의식하기만 하면 누구든 할 수 있는 일, 내일부터 바로 시작할 수 있는 일만 담았다. 대인관계에 서투르거나 소통 능력이 부족해도 문제되지 않는다. 나 역시 원래 그런 유형의 사람이었다. 나는 고등학교를 중퇴하고 오랫동안 집 안에 틀어박혀 지냈다. 지금도 가게 점원과 대화하는 것이 어색하고, 택시나 미용실에서도 선뜻 말을 건네지 못할 정도로 소통에 약하다. 그럼에도 불구하고 이 책에 담은 내용을 실천하면서부터는 비즈니스 현장에서 공동 작업을 할 때 느끼던 울렁증이 사라졌다.

뷰카VUCA라는 변동적이고 불확실하며 복잡하고 모호한 시대에 들어섰다. 업무 방식 개혁에 따른 노동 시간 단축, 법규 준수와 준법 감시 강화의 흐름 속에서 경영자나 관리자의 입장에서는 고민할 일이 많아졌다. 그러나 이러한 변화는 오히려 더 건전한 환경을 만들고 삶의 질을 높일 수 있는 기회다. 나는 '믿고 맡김(위임)'이야말로 지금 시대에 꼭 필요한 기술이라고 확신한다.

'바람이 불 때 어떤 사람은 벽을 쌓고, 어떤 사람은 풍차를 세운다.' 이는 오래된 중국 속담인데, 그렇다면 우리는 후자가 되어야 하지 않을까? 이 책은 새로운 에너지를 만들어내고, 직장과 인생에 산뜻한 바람을 불어넣는 풍차를 세우도록 안내한다. 시대의 변화를 활용해, 자신은 물론 주변 사람들까지 행복하게 만드는 '믿고 맡김'을 함께 실천해 나가자.

목차

시작하며 --- 5

1부. 일을 믿고 맡기는 요령

1장 '어떻게 일을 믿고 맡길 것인가'에는 요령이 있다
1. 의뢰에 '의의'와 '가치'를 더하자 --- 17
2. 이기적인 의뢰에서 이타적인 의뢰로 --- 22
3. 어려운 부탁일수록 선택지를 제시한다 --- 26
4. 부탁하기의 대전제 --- 31

2장 '누구에게 맡기느냐'로 모든 일이 결정된다
5. 일을 맡길 때는 '의욕'과 '적성'을 생각한다 --- 37
6. 사람은 누구나 잘하는 일과 못하는 일이 있다 --- 41
7. 못하는 게 많은 사람을 상대하는 방법 --- 45
8. 비즈니스는 최고의 단체 경기 --- 49
9. 팀 만들기의 유의점 --- 53

3장 '일 맡기기'의 전후에 있는 것

    10. 경청하는 요령은 듣고, 듣고, 또 듣기 --- 58

    11. 면담에서 중요한 '삼담 논법'의 법칙 --- 63

    12. 술자리에서의 소통법 --- 67

    13. '일을 믿고 맡긴' 후의 지원 --- 72

4장 이 시대에 적합한 일을 맡기는 방법

    14. 건전하게 일을 '맡기는 방법'과 Z세대의 매니지먼트 --- 78

    15. 정답이 없는 시대, 다양성 사회의 '맡김'을 생각한다 --- 83

    16. 거절하는 용기와 기술 --- 88

    17. 영리한 거절의 기술 --- 92

5장 그래도 '일을 맡기지 못하는' 사람에게

    18. '일을 맡길 만한 사람이 없다'는 것은 오해다 --- 97

    19. '직접 해야 빠르다'는 생각을 버려라 --- 101

    20. '어중간하게 일 맡기기'는 위험하다 --- 105

    21. 처음으로 일을 맡겨 눈이 확 트인 경험 --- 109

    22. 맡기기의 장점과 단점 --- 113

    23. 올바른 맡기기와 잘못된 맡기기 --- 117

2부. '믿고 맡김'으로 성장하는 인재를 만드는 법

6장 팀원을 성장시키는 리더십의 기술

24. 일을 맡길 수 있는 사람을 길러내는 법 --- 123
25. 한계를 푸는 '어시스티드 스프린트' --- 129
26. 실패는 돈 주고 사서라도 시켜라 --- 135
27. 인재 육성의 '신 4p 이론' --- 139
28. 인재 육성 NG ① 지도와 무용담을 착각하는 아저씨 --- 144
29. 인재 육성 NG ② 우수한 사람일수록 빠지기 쉬운 --- 148
    '자기 복제 만들기'
30. 최종 목표는 리더가 불필요해지는 것 --- 152

7장 맡기는 기술은 칭찬하는 기술

31. 칭찬하는 기술 --- 156
32. 무엇을 칭찬하고, 무엇은 칭찬하지 않을 것인가 --- 161
33. 언제 칭찬하고, 어디서 칭찬할 것인가 --- 165
34. 칭찬하기의 함정 --- 170
35. 성장을 이끄는 피드백 --- 174
36. 괴롭힘이 되지 않는 피드백 방법 --- 179

8장 동기 부여를 높이는 '4+1'

- 37. 동기 부여는 만들 수 있다 --- 185
- 38. '적성에 안 맞아요'라는 말에 대한 대응법 --- 189
- 39. 공통의 목적이 팀을 움직인다 --- 195
- 40. 동기 부여를 높이는 가장 좋은 방법 --- 200
- 41. 성장 루프를 만들어내는 5단계 --- 206

9장 일을 맡겨서 최고의 성과를 내기 위해

- 42. 최고의 임파워먼트 --- 212
- 43. 가르치기보다 중요한 것은 배우기 --- 216
- 44. '팀원의 성과는 내 것'이라는 말의 새로운 의미 --- 220
- 45. 리더십의 본질은 주고 또 주는 것 --- 225

끝마치며 --- 231
미주 --- 234

1부

일을 믿고 맡기는 요령

1장

'어떻게 일을 믿고 맡길 것인가'에는 요령이 있다

의뢰에 '의의'와 '가치'를 더하자

"이 데이터에서 필요한 요소만 뽑아서 다음 주 월요일 아침까지 자료를 만들어 놔. ○○ 씨가 싫다고 하니까 △△ 씨가 해. 누구라도 할 수 있는 내용이니까 후딱 만들어. 부탁할게."

이런 의뢰를 받고 흔쾌히 일을 맡을 수 있는 사람은 대단히 인덕이 많거나 불합리한 근무 환경에 너무 익숙해져 감정을 잃었거나 둘 중 하나일 것이다. 이 '떠맡기는 행위'에는 모든 쓸데없는 요소가 가득 차 있다.

1장에서는 상대방이 기분 좋게 일을 맡고 높은 퍼포먼스를 발휘할 수 있게 만드는 '어떻게 부탁할 것인가'에 관해 설명하겠다. 논점은 다음과 같다.

- 의욕 창출
- 목적의 명확화
- 욕구 충족
- 선택지 제시

- 상대의 부담을 배려

전달하는 방식을 의식한다

같은 내용이라도 어떤 순서로 전하느냐에 따라 사람들의 반응은 크게 달라진다. 무언가를 부탁할 때도 마찬가지다. '말을 꺼내는 방법이 90퍼센트'라고 해도 과언이 아닐 정도로 시작이 중요하다. 서두에서 예로 든 의뢰도 이런 식으로 말을 꺼내 보면 어떨까?

"지난주에 만들어 준 자료 고마워요. 임원 회의 때 제출했더니 이해하기 쉽다고 평판이 좋았거든요. 또 부탁할 수 있을까요? 프로젝트 승인 여부가 달린 중요한 서류라서 이 완성도로 만들 수 있는 사람이 △△ 씨뿐이에요."

인상이 크게 달라지지 않는가? 먼저 쉽게 받아들일 수 있는 정보부터 말하며 상대방의 마음을 여는 게 중요하다. 앞선 예시와 비교했을 때, 여기에는 '의욕 창출'과 '목적의 명확화'라는 중요한 요소가 새롭게 담겨 있다.

상대방의 의욕을 이끌어낸다

먼저 '의욕 창출'에 대하여 설명하겠다. '일을 받아들이는 사람은 모든 일을 귀찮게 여긴다'라는 전제에서 시작하자. 부탁하는 사람은 상대방이 '해 보자'라고 생각이 들도록 의욕을 이끌어내야 한다.

그러기 위해서는 '고마워하기', '칭찬하기', '나만 할 수 있다는 특별한 느낌 주기'가 포인트다. 앞에서 예로 든 의뢰에서는 '고마워', '평판이 좋았다', '△△ 씨만 할 수 있다'가 이에 해당한다.

여기에서 어느 중견 사원의 일화를 소개하겠다. 그녀는 늘 회의록 작성을 적극적으로 맡았다. 회의록이란 회의 중에 말한 요점을 정리해서 거래처와 합의한 내용을 확인하거나 참석하지 못한 팀원에게 공유하기 위한 메모다. 회의 중에 메모하는 일에 수고를 들여야 하므로 모두가 작성하기를 꺼려해서 팀의 막내가 어쩔 수 없이 담당할 때가 많다.

어느 날 '왜 회의록 쓰기를 자청하는가?'라고 물어보니 '예전에 거래처에서 회의록을 매우 잘 정리했다며 칭찬받은 적이 있어서 자신 있는 일이라고 느낀다. 또한 후배도 고마워하기 때문이다'라고 이유를 설명했다. 그야말로 칭찬해 주고, 고마워하며, 나만 할 수 있다고 느끼게 한 이 세 가지 포인트가 그녀의 동기가 되었다.

목적을 확실히 한다

또 하나 중요한 요소는 '목적의 명확화'다. 의뢰 내용이 무엇을 위한 일인지 확실히 전달해야 한다. 이 주제에는 '세 명의 벽돌 쌓기 장인'이라는 우화가 자주 사용된다.

'벽돌을 쌓는 작업을 하는 노동자에게 무엇을 하는지 물어보자 저마다 '벽돌을 쌓고 있다', '벽을 만들기 위해서 벽돌을 쌓고 있다', '성당을 짓기 위해서 벽돌을 쌓고 있다'라고 대답했다.'

이 이야기는 목적을 이해하면 동기 부여와 일에 대한 의식이 달라진다는 점을 가르쳐준다. 목적이 확실하면 의뢰한 내용의 전체가 보이고 단순한 '작업'에 가치와 의의가 더해져서 '일'이 된다. 이로써 그 업무가 자기 일로 변화되어 참여 의식이 싹튼다.

별것 아닌 듯한 일, 귀찮은 일, 간단해 보이는 일이야말로 그 목적을 명확히 해서 상대에게 어떻게 도움이 되는지 전하는 것이 중요하다.

- 단순히 데이터를 뽑는다
- → 승인을 얻기 위한 중요한 서류를 작성한다
- → 프로젝트를 성공시키는 과정이다

- 팀원의 송별회를 위한 음식점 예약
- → 좋은 음식점에서 모임 분위기를 띄운다
- → 팀 전체의 일체감이 늘어난다

이처럼 모든 작업은 그 이후의 커다란 의도와 의의가 있다. 어디까지 전하면 상대의 의욕이 솟아나는지 판단해서 적절하게 의뢰하자.

이 항목에서 전하고 싶은 점은 동기 부여 향상에 최대한 도움을 주는 게 포인트다. '의욕을 내는 방법'은 상대방의 상황이나 능력에 따라서 달라지기 때문에 단순하지 않다. 동기 부여 향상법은 8장에서 여러 가지 구체적인 사례와 함께 깊이 파헤쳐 보겠다.

> **POINT**
> - 상대방의 의욕이 솟아날 수 있는 말부터 시작한다.
> - 작업 내용을 전달할 뿐만 아니라 그 의도와 의의를 전달한다.

이기적인 의뢰에서 이타적인 의뢰로

'거기 간장 좀 집어 줄래?'와 같은 사소한 부탁부터 크고 작은 다양한 의뢰까지 전부 헤아려 보면, 사람은 하루에 약 20~30회 정도 남에게 부탁을 한다고 한다. 그리고 직장에서든 사적인 자리에서든 자신이 부탁한 이상 상대방이 그 요청을 들어주기를 바란다. 반대로 거절당하는 부탁 방법을 한마디로 표현하자면 부탁하는 사람의 일방적인 사정만 담겨 있을 뿐, 상대방의 입장은 고려되지 않는다.

데이트를 신청하는 말로 예를 들면 이해하기 쉽다.

"이번 주말에 드라이브 가지 않을래? 나 한가하거든. 네가 조수석에 있으면 보기에도 좋잖아."

이 말은 '의뢰인의 사정'만을 고려한 방법이다. 똑같이 드라이브를 권유하더라도 상대방의 욕구에 따른 '의뢰받는 사람의 사정'을 고려하면 인상이 매우 달라진다.

"전에 네가 좋아한다고 했던 카페가 리뉴얼했거든. 드라이브 겸 가지 않을래?"

어느 쪽이 좋은 대답을 들을 수 있을 것 같은지는 명확하다. 전자와 같이 자기 중심적으로 데이트를 신청하는 사람은 별로 없겠지만 비즈니스 상황에서는 이에 가까운 일이 자주 일어난다.

상대방에게 이득이 있다는 점을 알린다

'마감이 내일까지라 도저히 혼자서는 못 해, 좀 도와줘.'

'부서 차원에서 중요한 안건이니 휴일까지 반납하고 같이 하자.'

이런 경우라도 '이 일을 하기 바란다'는 자기 중심적인 사정을 '그 일을 하고 싶다'라는 생각이 들도록 상대방의 욕구에 충족하는 말로 변환해야 한다.

'규모가 작은 안건이지만 ○○ 씨가 리더가 되어 진행할 수 있는 일을 해 보고 싶다고 했으니 부탁할 수 있을까요?'

'○○ 씨는 아직 어리지만, 영업 성적이 최고니까 다음 단계로 가기 위해 신입 트레이닝을 맡아보는 게 어때요?'

'여기서 성과를 남기면 내년에는 인원을 늘릴 수 있을 거예요. 그럼 부담도 줄어들 테니 이번에는 팀 전체가 야근을 해서라도 일을 마무리해 봅시다.'

이렇게 바꿔 말하면 조금이라도 상대방의 욕구를 포함한 의뢰가 된다. 비즈니스 이외에서도 마찬가지다.

'늘 적극적으로 의견을 주셔서 많은 도움이 됩니다. 앞으

로 그 의견들이 실제 운영에 반영될 수 있도록, 관리조합 간사를 함께 맡아주시면 어떨까요?'

이렇게 상대방의 의향과 동기를 고려해 제안할 때는 상대의 '욕구 충족'을 중심에 두는 사고방식이 효과적이다. 즉, '당신이 중요하게 생각하는 가치나 필요를 이 일로 실현할 수 있다'는 메시지를 주는 것이다. 다만, 그 강도를 조절하는 게 중요하다.

이미 내적 동기가 충분한 사람에게 '보너스를 줄게' 같은 외적 보상을 제시하면 오히려 의욕이 떨어질 수 있다. 이를 심리학에서는 '언더마이닝undermining 효과'라고 부른다.

즉, 외적 보상이 내적 동기를 잠식하는 현상이다.

어릴 때 '좋은 학교에 가고 싶으니까 공부해야지(내발적 요인)'라고 의욕을 불태웠는데 부모님이 '공부해야 용돈 올려 줄 거야(외발적 요인)'라고 해서 의욕을 잃은 경험이 있지 않은가? 이처럼 외적 보상은 때로 내적 동기를 약화시키는 부작용을 낳는다.

'자네한테 도움이 될 거야', '출세에 좋은 영향이 있을 거야' 같은 말 역시 겉보기에는 배려처럼 들리지만, 듣는 이에게는 이득을 내세운 생색으로 받아들여질 수 있다. 그 결과, 본래 순수한 참여 의욕이 줄어드는 경우가 생기니 주의하자.

POINT

- 이기적인 의뢰는 이타적인 의뢰로 바꾼다.
- 상대방의 의향에 따른 '욕구 충족'을 항상 염두에 둔다.
- 외적 요인 때문에 의욕이 꺾이는 '언더마이닝 효과'에 주의한다.

어려운 부탁일수록 선택지를 제시한다

1절의 서두에서 소개한 잘못된 부탁 예문에서 가장 큰 문제는, 부탁받는 사람에게 '거절할 여지'가 전혀 주어지지 않았다는 점이다. 상사가 "이건 주말까지 꼭 해줘"라고 말하면, 설령 주말에 개인 일정이 있더라도 "못 합니다"라고 말하기란 쉽지 않다.

리더가 모든 팀원의 컨디션이나 여건을 완벽히 파악하기는 어렵다. 그렇기에 상대가 여력이 없다는 전제하에, '거절하기 어렵게 만들지 않는 요청 방식과 배려'가 필요하다.

"최근에 많이 바쁜 것 같은데, 이 일정으로 가능할까요?"

"이번 일은 새로운 도전이 될 거라 생각되는데, ○○ 씨가 맡아줄 수 있어요?"

"무리하지 마세요."

"어려울 것 같으면 편하게 말해주세요."

이러한 말들은 상대방이 '거절할 자유'를 느끼게 하고, 동시에 '존중받고 있다'는 인상을 주며, '선택지를 제시'하고 '부담을 배려'하는 기능을 한다. '이건 일이니까 해야 해'라는 구시대적인 접근은 이제 통하지 않는다. 팀원이 건강하지 않으면 성과도 지속될 수 없다. 따라서 팀원의 컨디션과 심리적 여유를 관리하는 것은 리더의 핵심 업무이자 책임이다.

일각에서는 팀원을 배려해 거절하기 쉽게 말하면 결국 일이 쌓인다는 의견도 있다. 그러나 이런 배려가 필요한 이유는 단순히 팀원의 건강을 챙기기 위해서만이 아니라 좋은 퍼포먼스와 지속 가능한 성과를 위해서다.

자신의 경험을 돌아보자. 적성에 맞지 않거나, 시간이 전혀 없어 허둥지둥 맡았던 일에서 좋은 결과를 낸 기억이 있는가? 억지로 떠맡은 일은 대개 완성도가 떨어지고, 그 과정에서 팀의 에너지도 소모된다. 결국 무리한 업무 배정은 좋은 성과를 만들어 낼 수 없다. 상대방의 상황과 부담을 고려해 거절할 여지가 있는 방식으로 일을 요청하는 것이 오히려 팀 전체의 효율을 높이는 길이다.

일을 맡기기 위한 기술

물론 현실적으로 대체 인력이 없거나 일을 꼭 맡겨야 하는 경우가 있다. 그럴 때는 사람을 설득하기 위해 '거절하기 어렵게 만드는 기술'이 필요하다. 지금부터는 이런 '맡기기'의 전형적인 패턴을 살펴보겠다.

① YES를 되풀이하게 한다

상대가 '네'라고 답하게 만드는 질문을 여러 번 던진 뒤, 마지막에 핵심적인 의뢰를 제시한다. 이미 긍정의 흐름에 들어간 상대는 자연스럽게 그 리듬대로 '네'라고 대답하게 된다. 이런 방식은 상대의 자동적 동조 반응을 이용한 전형적인 설득 기술이다.

② 힘든 일부터 제시한다

처음에는 도저히 감당하기 어려운 부탁을 제시하고, 그 다음에 현실적인 요청을 내민다. 상대는 처음의 무리한 제안과 비교해 부담이 줄었다고 느끼며, 결과적으로 그 일을 수락하게 된다. 심리학에서 말하는 대비 효과 contrast effect를 이용한 방법이다.

③ 조금씩 늘려간다

처음에는 부담이 적은 일을 부탁한 뒤, 점차 "이것도 부탁해요", "그것도 함께 해주세요"라며 일을 늘려간다. 상대는 이미 일정 부분 수락한 상태라 거절하기 어렵고, 결국 일을 맡게 된다.

이러한 방법은 상대방이 거절하지 못하게 하는 기술이지

만 권하고 싶지 않다. 이 책의 목적이 '그저 일을 하게 한다'가 아니라 어떻게 '팀원에게 만족감을 주고 성장을 촉진할 수 있느냐'가 기준이기 때문이다.

일시적으로는 일을 맡길 수 있을지 모르지만, 시간이 지나면 의뢰받은 사람도 '그때 내가 잘도 넘어갔구나' 하고 깨닫는다.

결국 이는 잔꾀에 불과하며, 근본적인 해결책이 될 수 없다. 그렇다면 높은 동기 부여와 좋은 퍼포먼스로 이어지는 진짜 '일을 맡기는 기술'은 무엇일까?

지금까지 다뤄온 세 가지 원칙—의욕 창출, 목적의 명확화, 욕구 충족—이 그 기본이 된다. 이 세 가지가 균형 있게 작동할 때, 사람은 '떠맡는다'가 아니라 '자발적으로 일을 맡는다'로 전환된다.

호의를 전한다

의욕 창출, 목적의 명확화, 욕구 충족, 이 세 가지 원칙에 더해 간과하기 쉬운 요소가 있다. 바로 '호의'다.

사회심리학자 로버트 치알디니Robert Cialdini가 제시한 '설득의 6대 법칙' 중에도 '호의liking'가 있다.

"작년 면접에서 지방 활성화 정책에 관심이 있다고 했죠. 그래서 그와 관련된 일을 계속 찾아봤어요. 비슷한 프로젝트가 있는데 맡아줄 수 있나요?"

"일하는 모습을 보면 사소한 일도 실수 없이 꼼꼼하게 챙기더라고요. 이번 제안 자료의 교정 담당을 부탁해도 될까요?"

이처럼 상대의 관심사나 강점을 구체적으로 언급하며 의뢰하는 방식은 단순한 부탁을 넘어 '개인에 대한 존중'의 표현이 된다. '내가 한 일을 기억해 줬다', '나를 잘 이해하고 있구나'라는 인식은 상호 간의 '호의'로 작용하여 의뢰를 수락하기 쉽게 만든다.

> **POINT**
> - 일을 의뢰할 때 상대가 거절할 수 있는 여지가 있는지 확인한다.
> - 상대방의 부담을 배려한다.
> - '호의'는 의뢰를 받아들이게 하는 수단이 된다.

4. 부탁하기의 대전제

앞에서는 일을 맡기기 위한 '부탁의 요령'에 대해 살펴보았다. 이제는 한 걸음 물러서서, 그 바탕이 되는 '부탁의 대전제'를 점검해야 한다.

이 부탁은 상대의 동기 부여를 높일 수 있는가? 상대가 주체적으로 행동하며 좋은 퍼포먼스를 낼 수 있도록 돕는가? 혹은, 잘못된 일 맡기기로 상대방의 의욕을 꺾고 있지는 않은가?

의뢰를 성공시키기 위해서라도, 지금까지의 포인트를 다시 한번 되짚고 '부탁의 본질'을 점검해 보자.

- ☐ 의욕 창출 — 상대가 '하고 싶다'고 느낄 수 있는 내용으로 제시했는가?
- ☐ 목적의 명확화 — 왜 필요한 일인지, 그 이유와 의미를 충분히 설명했는가?
- ☐ 욕구 충족 — 나의 사정이 아닌, 상대에게도 이득이나 성취가 있는가?

☐ 선택지 제시 — 거절하거나 조율할 여지가 있는가? 스케줄이나 방법을 함께 상의할 수 있는가?
☐ 부담을 배려 — 부담을 줄이거나 조정할 수 있는 대안을 함께 제시했는가?

이외에도 비즈니스 현장에서는 '스케줄의 명확화'가 필수적이다. "언제까지 해주기 바라는가?"를 분명히 하지 않은 채 부탁하면, 업무의 우선순위가 흐려지고 오해가 생긴다. 특히 부탁한 뒤에 "그 일은 내일이 마감인데 다 됐어?"라고 묻는 건 금물이다. 이런 방식은 신뢰를 깎고, 상대에게 불필요한 압박만 남긴다.

상대가 경험이 적어 불안해하는 경우라면, 진행 상황을 함께 확인하는 것도 도움이 된다. 예를 들어, "다음 주 중에 기획서를 한 번 보여주세요. 빈 부분은 함께 채워서, 그다음 주에 고객에게 제안할 수 있도록 합시다" 같은 방식이다.

이처럼 구체적인 일정과 협업의 단계를 함께 제시하는 게 바람직하다.

말길 타이밍을 가늠한다

부탁에서 간과하기 쉬운 요소 중 하나가 '언제 의뢰할 것인가', 즉 타이밍이다. 무엇을 어떻게 말하느냐 못지않게, 언제 말하느냐가 결과를 좌우한다. 아무리 내용이 합리적이어도 타이밍이 나쁘면 거절당했다는 좋지 않은 기분만 남는다.

퇴근 직전, 피로가 누적된 시점에 "잠깐 괜찮나? 이것 좀 부탁하지"라며 상사가 책상 위에 서류를 산더미처럼 쌓아놓고 가는 장면은 드라마가 아닌 현실에서도 종종 벌어진다. 이런 상황은 부탁이 아니라 폭탄 전달로 받아들여진다. 그렇기에 '절호의 타이밍'을 읽고, 상대가 여유와 집중력을 가질 때 말을 건네야 한다.

나는 1년에 거의 100건에 가까운 프로젝트를 배정한다. 그 과정에서 깨달은 사실이 있다. 상대가 기분 좋게 일을 받아들이는 '최적의 타이밍'이 존재한다는 것이다. 그 타이밍은 바로 '칭찬'과 함께하는 순간이다.

"지난번 제안 자료 정말 완성도가 높더군요."

"거래처 부장이 아주 극찬했어요."

이런 말로 분위기를 만든 뒤, "이번 프로젝트에서도 같은 방향으로 한번 맡아줄래요?"라고 의뢰하면, 상대는 긍정적인 감정의 흐름 속에서 적극적으로 일을 받아들일 수 있다.

이 '칭찬하기'는 1장에서 언급한 '의욕 창출'과 한 세트로 작동한다. 즉, 칭찬은 단순한 예의가 아니라 상대의 자기 효능감과 내적 동기를 끌어올리는 트리거다.

부탁할 때는 거만하게 굴거나 사과하지 않는다

마지막으로, 잘못된 부탁 방법 두 가지를 짚고자 한다. 첫 번째는 바로 '거만하게 굴기'다.

상사는 위대하고, 팀장은 윗사람이며, 팀원은 아랫사람이라고 인식하는 사람은 이제 거의 사라졌다고 믿고 싶다. 그러나 여전히 "이거 해!", "저거 해!" 같은 명령조의 언행이나 혹은 억지로 일을 떠맡기는 태도를 보이는 경우가 있다. 이런 방식은 더 이상 요즘의 조직문화에 어울리지 않는다. 팀장과 팀원은 역할이 다를 뿐, 상하관계가 아니다.

무리한 요구나 일방적인 떠맡기기를 하는 리더들의 공통점은, 상대방에게 '일을 시켜주는 입장'이라는 오만한 인식을 갖고 있다는 점이다. 부탁은 권한 행사가 아니라 신뢰의 표현이다. 따라서 태도를 바로잡고, 상대를 존중하는 자세로 일을 요청해야 한다.

또 하나의 잘못된 부탁 방식은 '사과하기'다. 거만하게 구는 것도 문제지만, 그렇다고 해서 지나치게 고개를 숙이는 태도도 바람직하지 않다. 예전에 한 상사는 일을 부탁할 때마다 이렇게 말했다.

"미안, 미안해. 이런 부탁해서 면목 없는데 이것 좀 해줄 수 있어?"

말투는 부드럽고 인간적이었지만, 듣는 입장에서는 솔

직히 '그렇게 미안하면 직접 해'라는 생각이 들게 된다. 물론 미안한 마음에서 나온 표현이겠지만, 사과를 받아도 동기 부여는 생기지 않는다.

이 책에서 말하는 '일을 믿고 맡기는 요령'은 상대를 성장시킴으로써, 그에게도 이득을 주는 기술이다. 따라서 고마움을 표현하는 자세는 필요하지만, 사과는 불필요하다. 자신의 부탁에 확신과 책임을 담아 당당하게 요청하면 된다.

POINT

- 명확한 스케줄과 함께 일을 부탁한다.
- '칭찬'과 함께 부탁하는 것이 최적의 타이밍이다.
- '거만하게 굴기'와 '사과하기'는 잘못된 부탁 방식이다. 거만함은 반감을, 과한 사과는 신뢰를 약화시킨다.

2장

'누구에게 맡기느냐'로 모든 일이 결정된다

일을 맡길 때는 '의욕'과 '적성'을 생각한다

1장에서 다룬 '어떻게 부탁할까'는 일을 맡길 때의 기본이지만, 좋은 결과를 내는 데 결정적인 건 '누구에게 맡기느냐'다.

많은 사람이 "일을 맡길 거라면 가장 우수한 사람에게 맡기는 게 좋다"고 생각할지도 모르지만, 진짜 중요한 것은 '적성'이다. 의욕과 적성이 맞아떨어져야 업무가 성과로 이어진다.

비용 절감을 목표로 하는 부품 조달 부서에 스티브 잡스를 배치하거나, 일론 머스크에게 준법 감시 업무를 맡긴다면 의욕과 성과가 오를 리 없다.

즉, '유능한가 아닌가'보다 중요한 것은 '적성에 맞는가 아닌가', 다시 말해 '그 사람이 진심으로 의욕을 느끼는가'이다.

리더가 가장 큰 보람을 느끼는 순간은 자신이 업무를 배정한 팀원이 예상보다 훨씬 큰 능력을 발휘해 탁월한 성과를 만들어낼 때다.

이처럼 높은 성과를 낸 경우는 예외 없이, 본인이 잘하는 분야에서 적극적으로 임한 프로젝트였다. 즉, '적성'(무엇을 할 수 있는가)과 '의욕'(무엇을 하고 싶은가)의 조합이 '맡기기'를 성공으로 이끄는 핵심 요인이다.

이제 '의욕'에 대해 살펴보자. 의욕에는 여러 유형이 있으며, 어느 하나가 더 우월하다고 할 수는 없다. 각각이 나름의 훌륭한 동기 부여가 된다.

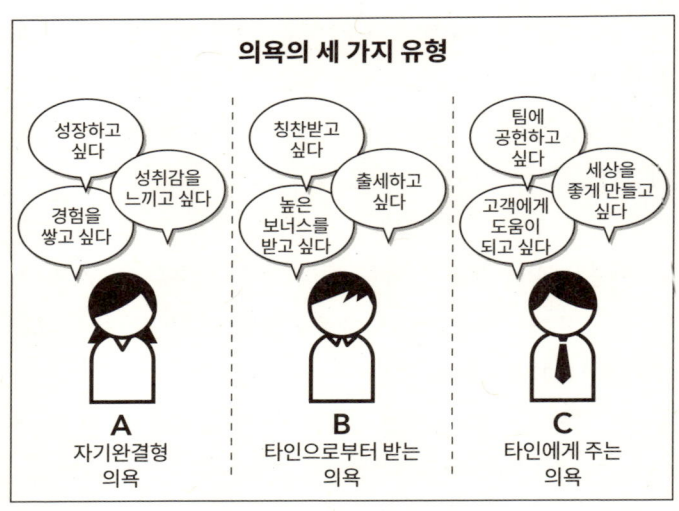

사람마다 의욕이 다르다는 것을 인식한다

중년의 경영자나 관리자 중에는 "요즘 젊은 사람들은 의욕이 없다. 출세하고 싶다거나 돈을 많이 벌고 싶다는 마음이 없다"고 말하며 의아해하는 이들이 많다. 물론 세대만으로 일반화할 수는 없지만 왼쪽의 그림으로 설명하자면, 대체로 중년층은 B형(타인에게서 받는 의욕), 젊은 세대는 C형(타인에게 주는 의욕)에 가까운 경향이 있다.

나는 20대 때 그런 감각이 없었기 때문에, 요즘 신입사원들을 볼 때마다 감탄한다. 학생 시절부터 자원봉사나 사회 프로젝트에 참여하며 '세상에 얼마나 공헌할 수 있는가'를 직장 생활의 핵심 동기로 삼는 이들이 많기 때문이다.

이처럼 다양한 형태의 의욕이 존재함을 이해하고, 자신의 기준으로 타인을 판단하지 않는 게 무엇보다 중요하다. 의욕을 이해하면, 그다음은 의욕과 일의 성격을 어떻게 맞출 것인가의 문제다. 예를 들어보자.

- 안건 1: 수십억 원 규모의 신규 거래 개척
- 안건 2: 지구 환경을 고려한 신상품 개발
- A씨의 의욕: "더 좋은 세상을 만들고 싶다."
- B씨의 의욕: "출세를 위해 큰일을 해내고 싶다."

이 두 프로젝트와 두 사람의 조합 중 어느 쪽이 더 성공적일지는 굳이 설명하지 않아도 명확하다. 비즈니스뿐 아니라, 일상적인 일에서도 이 원리는 똑같이 적용된다. 예를 들어 결혼식 뒤풀이의 사회자를 정할 때도, '시간이 있어 보여서'나 '말 걸기 쉬워서'가 아니라 '결혼하는 친구와 친하고, 분위기를 잘 살리고 싶어 하는 사람'에게 맡기는 편이 훨씬 좋은 결과를 낳는다.

POINT

- 의욕의 형태는 사람마다 다르다는 사실을 인식한다.
- 팀원의 의욕과 적성에 맞게 일을 배정한다.

사람은 누구나 잘하는 일과 못하는 일이 있다

　내가 고등학생이었을 때, 건망증이 유난히 심한 친구가 있었다. 도시락을 자주 두고 왔고, 가져온 날에는 도시락통을 다시 들고 가는 걸 잊곤 했다. 함께 옷을 사러 가면 꼭 전철 선반에 쇼핑백을 두고 내리곤 했다. 그랬던 그가 대학을 졸업한 뒤 한 브랜드의 주얼리 부문에 입사했다. 처음 맡은 일은 거래처에 보석을 전달하는 업무였다.

　비극이 예고된 듯한 업무 배치였다. 결국 그는 출장 중 전철에서 보석이 든 서류 가방을 두고 내리고 말았다. 다행히 며칠 후 가방을 되찾았지만, 그 몇 일 동안 그는 "살아 있는 기분이 들지 않았다"고 했다.

　이 일화는 단순한 해프닝이 아니다. 누구에게나 못하는 일의 영역이 있으며, 그 점을 피해서 업무를 배정하는 것이 매니지먼트의 기본이라는 점을 말해준다. 물론 "못하는 일을 시켜서 극복하게 만드는 것이 진짜 매니지먼트 아닌가?"라는 반론도 있을 것이다.

　하지만 경영학자 피터 드러커 Peter Drucker 는 이렇게 말했다.

"사람은 오직 자신의 강점으로만 무언가를 완수할 수 있다. 약점은 아무리 보완해도 평범해질 수 있다는 것조차 의심스럽다."[1]

결국 단점을 고치는 데 집중하기보다, 강점이 빛날 수 있는 자리에 두는 것이 진정한 적재적소다. 참고로 그 친구는 자신에게 맞는 직종으로 이직해 지금은 훨씬 즐겁게 일하고 있다.

사람을 중심에 두고 일을 매치시킨다

여기서 다시 한 번 '의욕'과 '적성'을 정리해보자.

의욕은 WANT(무엇을 하고 싶은가), 적성은 CAN(무엇을 할 수 있는가)으로 바꿔 말할 수 있다. 리더의 역할은 팀원의 WANT와 CAN이 만나는 지점을 찾아, 그 교집합 위에 일을 배치하는 것이다. 이것이 바로 업무 배정의 본질이다.

업무 배정과 인력 배치의 세계에서 자주 인용되는 말이 있다.

"화살 주위에 과녁을 그려라."

아무리 명궁이라도 모든 화살을 정확히 맞출 수는 없다. 그러나 이미 쏜 화살 주위에 과녁을 그리면 백발백중이 된다.

즉, 사람의 특성과 강점을 먼저 보고 거기에 맞는 일을 맡기는 것, 그것이 성공 확률을 높이는 매니지먼트다.

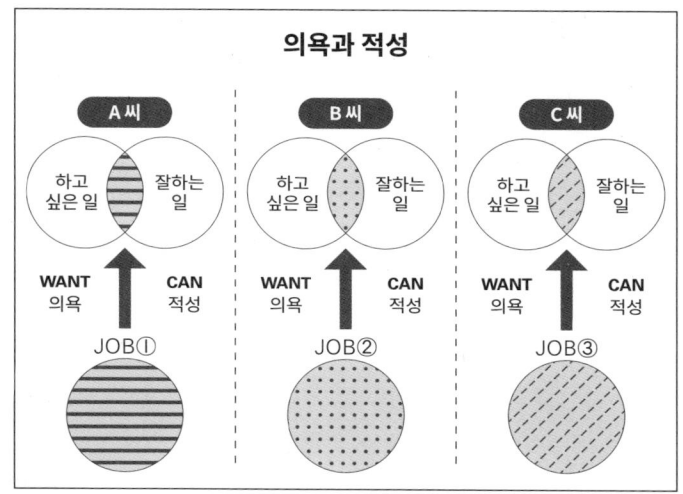

　새로운 일(JOB①)이 생겼을 때, 단순히 '한가한 사람', '말 걸기 쉬운 사람'에게 맡겨서는 그 일에 맞는 의욕과 적성을 끌어내기 어렵다.

　팀원이 의욕을 보이지 않거나 기대만큼 성과를 내지 못하는 경우, 대부분 이런 식의 '일 중심 배정'을 했기 때문이다.

　일을 기준으로 사람을 찾는 것이 아니라, 사람을 기준으로 일을 매치시키는 것이 진짜 맡김이다. 이를 실현하려면 사람을 꿰뚫어 보는 통찰력과 분별력이 필요하지만, 특별한 재능이 요구되는 일은 아니다. 면담과 대화를 통해 타고난 성향과 욕구를 끌어내는 기술을 익히면 누구든지 가능하다.

> **POINT**
> - 누구에게나 못하는 분야가 있으므로, 그 부분을 피해서 업무를 배정한다.
> - "화살 주위에 과녁을 그려라." 가장 먼저 사람을 전제로 생각하고, 그 사람의 의욕과 적성에 맞게 일을 더해 간다.

못하는 게 많은 사람을 상대하는 방법

앞서 말한 '못하는 분야'와 '결점'을 한층 깊게 들여다보자. 단점이 있다고 해서 일을 맡길 수 없다는 뜻이 아니다.

'누구에게나 못하는 게 있다'는 전제를 바탕으로, 서투른 점이 많은 멤버를 어떻게 상대할지 세 가지 포인트로 정리한다.

① 즉시 고칠 수 있는 단점은 개선한다.
② 단점을 긍정적으로 활용한다.
③ 팀으로 서로 보강한다.

① 즉시 고칠 수 있는 단점은 개선한다

앞서 예로 든 내 친구처럼, 어릴 때부터 몸에 밴 습관이나 본질적으로 거북해하는 성향은 쉽게 바꾸기 어렵다. 하지만 즉시 수정할 수 있는 단점도 분명히 존재한다.

예를 들어, 말도 잘하고 제안 능력도 뛰어난 영업사원이 옷차림이 불결해 첫인상이 나쁘다면, 헤어스타일을 다듬고

수염을 깎고 옷을 정돈하는 것만으로도 충분히 단점이 개선된다.

　판단의 기준은 단 하나다. 본인이 그 단점을 인식하고 있는가, 아닌가. 스스로 인식하지 못했다면 아직 고친 적이 없는 것이고, 그렇다면 시도해볼 가치는 충분하다.

② 단점을 긍정적으로 활용한다

　조금 엉뚱한 질문을 해보자. 일본 역사 속 인물 가운데, 이상적인 리더는 누구일까?

　많은 이들이 사카모토 료마나 도쿠가와 이에야스를 떠올리겠지만, 내가 꼽는 인물은 '호리 히데마사'다. 호리 히데마사는 전국시대에 오다 노부나가와 도요토미 히데요시를 섬긴 무장으로, 사람을 적재적소에 배치하는 데 탁월해 '명인名人'이라 불렸다.

　그에 관한 유명한 일화가 있다. 한 번은 도적이 자주 출몰하는 지역에 진을 쳤을 때, 그는 부하들에게 "오늘은 바람이 거세니 습격을 당하기 쉽다. 빼앗기면 억울하니 차라리 내가 도둑질하러 나가겠다"라고 말했다.

　이 말을 들은 가신들은 '영주가 털리면 큰일'이라며 스스로 경비를 강화했다. 결국 히데마사의 진영만이 도적의 피해를 입지 않았다.

호리 히데마사에 관한 또 하나 흥미로운 일화가 있다. 그의 부하 중에는 늘 울상인 남성이 있었다. 어느 날 다른 가신이 "재수도 없는데 해고하는 게 어떻겠습니까?"라고 진언하자, 히데마사는 이렇게 대답했다.

"제사나 장례식의 사자로 보내기에 딱 좋지 않은가."

그 말처럼 그는 부하의 표정을 결점이 아닌 '역할 적합성'으로 받아들였다.

'결점을 장점으로 바꿔 사람을 살린다.'

이런 사고방식이야말로 내가 호리 히데마사를 이상적인 리더로 꼽는 이유다. 팀원에게 약점이 있더라도, 그 특성을 긍정적으로 발휘할 수 있는 자리나 상황이 없는지 한 번쯤 생각해보자. 당장은 없더라도 마음에 두고 있다 보면, 언젠가 딱 맞는 업무가 나타날지도 모른다.

'② 단점을 긍정적으로 활용한다'는 항목은 실제 비즈니스 현장에서 즉시 실천할 기회가 적다. 그래서 다음 절에서는 가장 현실적이고 실천 가능한 방법인 '③ 팀으로 서로 보강한다'를 살펴보겠다.

> **POINT**
> - 본인이 인식하지 못한 단점은 개선한다. 지적과 피드백을 통해 '깨달음'을 주는 것이 출발점이다.
> - 약점을 고치려 하기보다, 활용할 방법이 있는지 검토한다. 관점을 바꾸면 단점도 자산이 될 수 있다.

비즈니스는 최고의 단체 경기

 못하는 분야가 있는 팀원을 살리는 가장 효과적인 방법은 '③ 팀으로 서로 보강한다'이다.

 20세기 최고의 경영자로 불린 GE 전 회장 잭 웰치Jack welch는 "비즈니스는 최고의 단체 경기다"라고 말했다.

 현장의 거의 모든 일은 혼자서 완결되는 경우가 드물다. 누군가의 부족한 부분은 다른 누군가의 강점으로 채워지고, 그 과정에서 비로소 성과가 만들어진다.

 스티브 잡스에게 스티브 워즈니악이 없었다면 어땠을까? 잡스의 비전은 있었겠지만, 애플I의 회로도는 세상에 존재하지 않았을 것이다.

 비즈니스는 언제나 이런 보완의 구조 위에서 돌아간다. 잘하는 일과 못하는 일은 누구에게나 있다. 리더의 역할은 그것을 구분하고, 서로 보완할 수 있도록 최적의 팀을 설계하는 일이다.

개인의 결점은 팀의 결점이 되지 않는다

'소통 능력은 부족하지만 전문 기술이 탁월한 사람', '세세한 일은 서툴지만 거래처에서 신뢰받는 사람', '논리는 약하지만 발상이 압도적인 사람'.

사람은 누구나 장점과 단점을 함께 지니고 있다. 어둠이 있어야 빛이 더 선명하게 빛난다. 주위를 둘러보면 무언가에 특별히 뛰어난 사람일수록 어딘가 부족한 면이 있다.

나 또한 일하면서 그런 사람에게 오히려 끌린다. 결점을 받아들이고 서로의 부족함을 보완하며 팀워크로 성과를 극대화하는 것, 그것이 매니지먼트의 진정한 즐거움이다.

올림픽이나 월드컵 같은 국제대회에서도 '스타 선수만 모인 드림팀'이 의외로 패배하는 경우가 있다. 야구나 축구, 농구 등 어떤 종목이든, 개인의 능력보다 팀으로서 얼마나 완성도가 높은가가 승패를 가른다.

비즈니스도 마찬가지다. 스타 플레이어를 모으기보다, 협력하고 서로 보강하는 강한 팀을 만드는 것이 중요하다. 모든 일을 잘하지는 못하더라도, 한 가지 강점을 확실히 가진 사람이 있다면 그 사람은 이미 팀의 전력이다.

리더는 각 팀원의 장단점을 정확히 파악해 '누가 어떤 강점을 가지고 있고, 어디서 그 힘을 발휘할 수 있는가'를 기준으로 팀을 구성해야 한다.

예를 들어, 발상력이 있는 사람이 아이디어를 내고, 기술력이 있는 사람이 그것을 형태로 만들며, 프레젠테이션에 능한 사람이 외부에 전달하고, 숫자에 강한 사람이 수익을 만든다.

이렇게 역할이 연결될 때 비로소 조직은 유기적으로 움직인다. 개인의 결점은 그대로 팀의 결점이 되지 않는다. 리더가 그 구조를 설계하는 한, 결점은 언제나 보완 가능한 요소가 된다.

약점을 서로 보완할 수 있는 팀이 강하다

마지막으로, 왜 단점을 받아들이는 팀이 필요한지를 이야기하고자 한다. 그 이유는 지금의 시대가 바로 그런 팀을 요구하기 때문이다.

과거의 조직은 카리스마 있는 리더가 강하게 이끌고, 부하 직원은 그를 보조하는 톱니바퀴처럼 움직이는 구조였다. 그러나 지금은 기업, 거래처, 소비자, 그리고 사회 전체가 복잡하게 변했다. 이제 더 이상 '이것이 정답이다'라고 단언할 수 없는 시대다. 다양한 시점과 사고가 필요한 지금, 한 사람의 견인력에만 의존하는 조직은 위험하다. 오히려 결점과 약점을 가진 여러 사람이 모여 서로를 보완하는 팀이 더 깊고 다면적인 시야로 세상을 판단할 수 있다. 이런 팀이야말로 다양성의 시대에 가장 잘 맞는 조직이다.

모든 일을 완벽히 해내는 한 사람보다, 부족함을 인정하고 서로 보완할 수 있는 사람들이 모인 팀이 더 강하다. 서로 다른 색이 어우러져 하나의 무지개를 이루듯, 다양성이 조화를 이루는 팀이 앞으로의 이상적인 조직이다. 그리고 리더 역시 약점을 두려워할 필요가 없다. 리더십이란 압도적인 능력이나 카리스마로만 유지되는 것이 아니다.

오늘날의 매니지먼트에 진정으로 필요한 것은 '공감 능력'이다. 리더 자신의 약점은 바로 그 공감의 원천이 된다. 결국, 완벽하지 않기 때문에 더 좋은 리더가 될 수 있는 것이다.

POINT

- 비즈니스는 단체 경기다. 팀으로 약점을 서로 보완할 때 성과가 극대화된다.
- 약점이 있는 팀원일수록 서로를 보강하며 강한 팀을 만든다.
- 리더에게 결점이 있어도 괜찮다. 그것이 공감력의 출발점이 된다.

9 팀 만들기의 유의점

 앞에서 팀으로 싸우는 것의 중요성을 충분히 이해했으리라 생각한다. 이번 장의 마지막으로, 팀을 만들 때 반드시 유의해야 할 몇 가지를 이야기하고자 한다.

 어린 시절 나는 초등학교 축구 클럽에 소속되어 있었다. 운동 신경은 썩 좋지 않았지만, 가끔 골을 넣곤 했다. 이유는 단순했다. 경기가 시작되기 전, 나는 상대 팀이 모여 있을 때 귀를 기울여 선수들의 이름을 외웠다. 그리고 경기 중 '○○야, 패스해!'라고 이름을 불러 주의를 끌어 공을 빼앗은 뒤 슛을 날렸다.

 스포츠맨십이라곤 손톱만큼도 없는 행동이었기에, 그 시절에 특별한 감회는 없다. 하지만 그때 코치님이 알려주신 한 가지 법칙만은 평생 잊지 않았다.

 그것이 바로 '두레박 법칙'이다.

두레박 법칙이란?

 '두레박'은 우물에서 물을 길어 올릴 때 사용하는 도르래

장치를 말한다. 오른쪽 밧줄을 아래로 당기면 왼쪽이 올라오고, 반대로 오른쪽을 올리면 왼쪽이 내려가는 구조다.

코치님은 경기 중 공격 전환 시 "모두가 동시에 앞으로 나가면 안 된다"며 운동장 흙바닥에 손가락으로 도르래 그림을 그리며 설명하셨다. 오른쪽 사이드백이 공격에 가담하면 두레박처럼 왼쪽은 내려가 수비에 집중해야 한다. 반대로 왼쪽이 전진하면 오른쪽이 뒤를 받쳐야 한다. 양쪽이 동시에 올라가면 수비 라인이 텅 비기 때문이다.

이 원리는 축구뿐 아니라 일에도 똑같이 적용된다. 팀 전체가 한 방향으로만 뜨거워지면, 냉정한 판단을 내릴 수 없고 결국 실수가 생긴다.

내가 30대 초반, 업계에서 큰 상을 받아 한창 자신감이 넘치던 시절의 일이다. 당시 비슷하게 기세가 오른 동료와 함께 큰 프로젝트를 맡았다. 그러나 두 사람 모두 자신만의 기획을 밀어붙이려 한 결과, 협력은 경쟁으로 변했고 팀은 결국 붕괴 상태에 이르렀다.

두레박 법칙을 팀 만들기에 활용한다

다시 말하지만, 팀으로 움직이면 서로의 부족함을 보완할 수 있다는 점이 가장 큰 장점이다.

한 사람이 열정적으로 밀어붙일 때는, 다른 한 사람은 한

발 물러서서 냉정하게 판단해야 한다.

유능한 리더는 높은 곳에서 전체를 조망하듯 팀의 균형을 본다. 자신이 어느 위치에 서야 할지, 지금은 공격할 때인지 수비할 때인지 판단하며 팀 빌딩 Team Building 을 조율한다.

무모한 신입, 자신만만한 중견, 차분한 베테랑, 소극적인 어시스턴트… 각자에게는 저마다의 장점이 있다.

따라서 팀 리더는 누가 언제, 어떤 역할을 맡을 때 최고의 효과를 낼 수 있는지 면밀히 파악해야 한다. 공수의 균형은 일뿐 아니라 생활 전반에도 적용된다.

예를 들어, 배우자가 정성껏 요리를 하고 있을 때, "나도 뭔가 해야겠다"며 경쟁하듯 주방을 점령하는 것은 현명하지 않다. 그보다는 한 발 물러서서 감자 껍질을 벗기거나 설거지를 맡는 쪽이 훨씬 낫다.

반대로 배우자가 지쳐 있을 때는 적극적으로 나서서 집안일을 하면, 그 행동이 큰 기쁨을 준다.

마지막으로 하나 더. 재능이 남달랐던 센터백 친구는 사이드백이 공격에 나섰다가 돌아오면 늘 말을 걸었다.

성공했을 때는 "나이스 센터링!", 실패했을 때조차 "나이스 시도!"라고 격려했다.

그 모습을 멍하니 바라보던 나와는 달리, 그는 늘 팀의 사기를 끌어올리는 플레이어였다.

"좋은 프로젝트였어."

"기획서 잘 만들었더라."

"제안이 좋았다고 거래처 부장님이 칭찬했어."

이런 짧은 말 한마디가 팀의 동기 부여와 성취감을 완전히 바꾼다.

칭찬, 감사, 위로. 이 세 가지는 팀워크의 두레박을 부드럽게 움직이게 하는 윤활유다. 이 부분은 7장에서 자세히 다루겠다.

POINT

- 전체를 조망하며 공격과 수비의 균형을 생각하자.

3장

'일 맡기기'의 전후에 있는 것

경청하는 요령은
듣고, 듣고, 또 듣기

　1장에서는 '어떻게 부탁할까', 2장에서는 '누구에게 부탁할까'를 다뤘다. 하지만 주의해야 할 것은 '의뢰의 순간'만이 아니다. 상대의 의욕에 맞춰 일을 맡기고, 적재적소에 사람을 배치하기 위해서는 무엇보다 사람을 정확히 이해해야 한다.

　막상 일이 벌어진 후에 팀원을 알아가려 해도 이미 늦다. 일을 누구에게 맡길지 망설이면 프로젝트는 지연된다. 업무 배정에서는 속도가 곧 실력이다. 따라서 평소에 팀원의 본성과 성향을 미리 파악해 두어야 한다.

　이 장에서는 '일 맡기기'의 전후 과정, 즉 평소 팀원과의 소통과 지원 방법을 다룬다. 팀원을 제대로 알기 위해 가장 중요한 것은 단 하나다. 듣고, 듣고, 또 듣는 것, 철저히 듣는 사람의 입장이 되어야 한다.

　피터 드러커는 이렇게 말했다.

　"과거의 리더는 명령하는 사람이었지만, 미래의 리더는 듣는 사람이 될 것이다."

　이 말처럼 경청의 능력은 리더에게 가장 중요한 자질이

다. 평소 업무 중의 대화도 중요하지만, 일대일 면담은 팀원의 본성을 가장 깊이 이해할 수 있는 기회다.

최근 많은 기업에서 도입하고 있는 '1 on 1 미팅'은 바로 이 '듣는 리더십'을 실천하는 효과적인 방법이다.

효과적으로 면담하는 방법

먼저 면담의 기본이다. 가능하면 반드시 얼굴을 마주 보고 진행하자. 최근에는 원격으로 실시하는 경우도 많지만, 카메라 너머라도 상대의 얼굴을 보며 대화하는 것이 좋다. 시선이 닿는 면담이야말로 신뢰의 출발점이다.

다음은 면담에서 다뤄야 할 주제다. 가장 중요하고 효과적인 대화는 '중요도는 높지만 긴급도는 낮은 이야기'다.

예를 들어, 중요도와 긴급도 모두 높은 일, 즉 "제출한 견적에 대해 고객이 급히 연락을 원한다" 같은 건 면담 주제가 아니다. 이런 일은 즉시 대응해야 할 업무 연락이다.

반대로 중요도는 낮지만 긴급도만 높은 일, 예컨대 "교통비 정산이 오늘까지니 제출하세요" 같은 것도 마찬가지다. 이는 단순 공지이므로 메일이나 사내 채팅으로 충분하다.

면담은 속도보다 깊이를 중시하는 시간이다. 따라서 급한 용건은 전화, 메일, 메신저로 처리하고, 면담에서는 생각을 나누는 주제—즉 장기적 방향, 동기, 성장, 협업 문제 등—

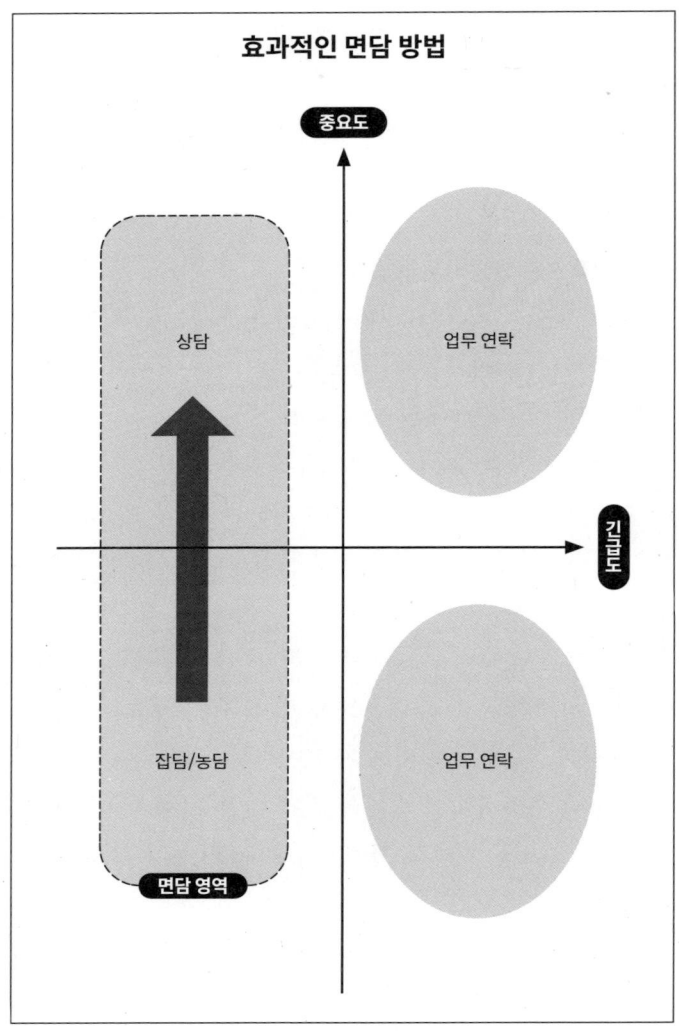

3장. '일 맡기기'의 전후에 있는 것

에 집중해야 한다.

면담에서는 '중요하지만 긴급하지 않은 일'을 묻는다

'면담面談'은 말 그대로 얼굴을 마주 보고 이야기하는 일이다. 하지만 이때 나눠야 할 대화는 단순한 업무 보고가 아니라 '새로운 상담'이다.

중요하지만 긴급하지 않은 일이란 예를 들어 다음과 같은 질문을 뜻한다. '앞으로 어떤 일을 하고 싶은가?', '2~3년 후 어떻게 성장하고 싶은가?', '장기 목표는 무엇인가?' 등 평소에는 꺼내기 어려운 '업무상의 고민과 불안'을 다루는 영역이다.

물론 이런 주제를 갑자기 꺼내면 상대는 당황한다. 마치 첫 데이트에서 "당신에게 행복이란 무엇인가요?"라고 묻는 것과 같다. 아무리 본질적인 질문이라도 단계가 필요하다.

"어떤 음식을 좋아하나요?", "휴일엔 어떻게 시간을 보내나요?", "가장 편안해질 때는 언제인가요?"처럼 가벼운 질문으로 마음을 여는 과정이 있어야 한다. 비즈니스 면담도 마찬가지다.

따라서 면담은 중요도·긴급도 모두 낮은 대화에서 시작해, 점차 중요도는 높지만 긴급하지 않은 대화로 올라가야 한다. 이것이 면담의 철칙이다.

이때 잡담과 농담이 '관계의 윤활유' 역할을 한다. 그 과정을 통해 신뢰를 쌓고, 비로소 진짜 이야기를 꺼낼 수 있다.

POINT

- 평소에 면담을 통해 상대의 인품과 성향을 파악한다.
- 리더는 철저히 '듣는 사람'이 되어야 한다.
- 면담의 목적은 '중요하지만 긴급하지 않은 이야기'를 나누는 것이다.

면담에서 중요한 '삼담 논법'의 법칙

면담을 성공적으로 이끌기 위해서는 '상담相談' 이전에 반드시 '잡담雜談'과 '농담笑談'이 필요하다. 이를 '삼담三談 논법', 즉 잡담 → 농담 → 상담의 순서라고 한다.

예를 들어 팀원 A 씨와의 면담을 생각해 보자.

면담 초반에 "최근 일하면서 달라진 점이 있나요?", "요즘 즐겨 보는 영화나 드라마 있나요?" 같은 가벼운 이야기를 나눈다. 이 단계에서 분위기를 부드럽게 만드는 것이 '잡담'이다.

이야기가 무르익으면 자연스럽게 웃음이 오가는 '농담'으로 이어진다. 그 과정을 통해 신뢰와 편안함이 형성되면, 비로소 진짜 이야기, 즉 '상담'으로 들어갈 수 있다.

예를 들어 면담 중 A 씨가 "저는 할머니 손에 자랐어요"라는 말을 꺼냈다면, 그 한마디가 훌륭한 단서가 된다. 이후 "고령자를 위한 프로젝트에 관심이 있나요?"라고 묻거나, "○○씨의 할머님이 좋아하실 만한 상품으로 기획해볼까요?"라고 제안하면, A씨는 자신의 경험과 연결된 일에 더 강한 동기와 책임감을 느끼게 된다.

이처럼 '잡담'과 '농담'을 거쳐야 '상담'이 자연스럽게 열린다. 면담은 한 번으로 끝나는 행위가 아니다. 한 달에 한 번, 30분이라도 꾸준히 이어가는 '연속성'이 핵심이다.

면담의 기본 요령은 '듣고, 듣고, 또 듣는 것'이다. 감각적으로는 말하기 20%, 듣기 80%의 비율을 유지하는 것이 좋다. 데일 카네기의 《인간관계론》이나 나가마쓰 시게히사永松茂久의 《사람은 듣기가 90퍼센트人は聞き方が9割》에서도 강조하듯, '듣기'는 모든 관계의 시작이다. 상대의 말을 경청하다 보면 그 사람의 성장 배경, 가치관, 꿈과 고민이 서서히 드러

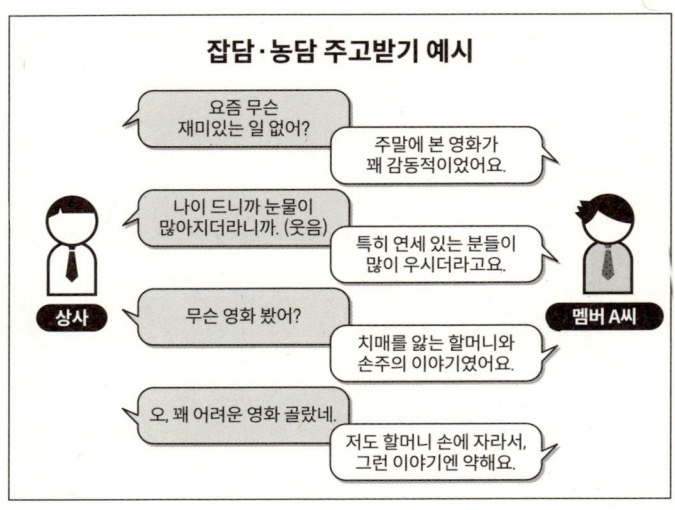

난다.

　마치 퍼즐을 맞추듯 처음에는 윤곽선만 보이던 사람이, 반복된 면담을 통해 점점 전체상이 또렷해진다. 사람을 깊이 이해하면 적절한 업무 배정이 가능해지고, 결과적으로 팀의 효율과 성과가 높아진다. 그때 비로소 '믿고 맡김'은 자연스럽고 효과적으로 이루어진다.

업무 배정의 본질은 상대방을 아는 데 있다

　업무 배정의 출발점은 '누가 어떤 사람인가'를 아는 데 있다. 면담을 통해 얻은 팀원의 정보와 성향을 반드시 기록해 두자. 기억에만 의존하지 말고, 메모나 인사 관리 파일에 남겨두면 그것이 곧 매니지먼트의 자산이 된다.

　예를 들어, 앞서 면담에서 A 씨가 "할머니 손에 자랐다"고 말했던 것을 기억해 두었다가 6개월 후 '고령자 대상 프로젝트'가 생겼을 때 "전에 할머니 손에 자랐다고 했었지? 이번 프로젝트는 ○○씨에게 잘 맞을 것 같아." 이렇게 의뢰하면 그는 자연스럽게 동기 부여를 느끼며 적극적으로 참여할 것이다.

　업무 외의 작은 기억도 중요하다. 예를 들어 "○○ 브랜드 초콜릿 좋아한다고 했잖아요. 근처에 들렀다가 생각나서 사 왔어요." 이런 한마디와 행동이 사람의 마음을 움직인다.

'기억해주는 것'은 단순한 친절을 넘어 존중과 관심의 표현이며, 이 호의는 결코 가볍게 지나가지 않는다. 사람은 '기억되는 경험'을 통해 일에 대한 책임감과 소속감을 느낀다. 결국 사람을 움직이는 것은 잔꾀나 기술이 아니라, 그 사람을 이해하고 존중하는 진심이다. '사람을 아는 것'이야말로 가장 강력한 매니지먼트 수단이다.

POINT

- 면담은 '잡담'과 '농담'으로 시작해 '상담'으로 발전시킨다.
- 짧은 시간이라도 좋으니 면담은 지속적으로 하는 것이 중요하다.
- 사람을 아는 것은 매니지먼트의 자산이다.

12. 술자리에서의 소통법

앞서 '면담'을 통해 팀원의 이야기를 듣고 사람의 됨됨이를 파악하는 것이 중요하다고 말했다. 그렇다면 이렇게 묻는 사람이 있다.

"그럴 거면 저녁에 술 한잔하며 빨리 알아가면 되지 않나?"

실제로 예전에는 이런 식의 '술자리 소통'을 장려하는 문화가 있었다. 반면 요즘은 '술로 소통하는 것은 시대에 맞지 않는 악습'이라며 완전히 부정하는 목소리도 높다. 그렇다면 어느 쪽이 옳을까? 나는 이렇게 생각한다.

"장점은 있으나, 술에 의존하지 말자."

돌이켜보면 퇴근 후의 술자리가 정보 수집이나 인맥 형성의 장이 되었던 때도 많았다. 또한 함께 술을 마시며 회사에서는 볼 수 없던 표정을 마주하거나, 평소에는 마음을 닫았던 팀원이 속마음을 털어놓아 그 후 일하기가 훨씬 편해진 경험도 있었다.

회사에서는 공식적인 클레임이 될 만한 불만도, 술자리

에서는 단순한 하소연으로 풀어낼 수 있다면 그것만으로도 충분히 가치 있는 시간이라 할 수 있다. 다만 나는 개인적으로 술자리에 너무 의존하지 않으려 한다. '낮에 할 수 있는 일은 사무실에서 끝내는 것이 가장 좋다'고 생각한다.

사실 나는 소믈리에 협회 자격증을 가지고 있을 정도로 술 자체는 좋아한다. 취미로 가끔 와인바에서 마스터로 일하기도 한다. 하지만 업무와는 별개다. 각자 사생활이 있으니, 그 영역을 존중하는 게 기본이라고 생각하기 때문이다. 물론 누군가 먼저 권하면 언제든 환영한다.

언제든 편하게 말을 걸 수 있도록 분위기를 만드는 것, 억지로 부르지 않으면서도 '함께할 수 있는 여지'를 남겨두는 것, 이것이 내가 생각하는 술자리 소통의 올바른 방식이다.

술자리 소통의 주의점

팀원과 술을 마시러 갔을 때는 몇 가지 반드시 유념해야 할 점이 있다.

① 옛날이야기를 하지 않는다

성희롱이나 갑질은 말할 것도 없지만, 술이 들어가면 자신도 모르게 예전의 영광을 늘어놓기 쉽다. "나 때는 말이야…"로 시작하는 이야기는 듣는 이에게 지루함과 부담만 줄

뿐이다.

나 역시 과거에 무심코 그런 이야기를 한 적이 있었는데, 돌이켜보면 후회되는 순간이었다. 묻지 않는 이상, 자신에 대한 이야기는 하지 않는다는 태도가 가장 적절하다.

② 강요하지 않는다

술을 억지로 권하지 않는 것은 기본이다. 또한 오래 머물게 하거나, 끝까지 함께 있어야 한다는 분위기를 만들지도 말자. 술자리 도중에 먼저 일어나도 괜찮다는 신호를 주는 배려가 필요하다. 다음 날 업무에 지장을 줄 정도로 마시는 것은 본말전도다.

외국에서 일할 때, 금요일 저녁이면 동료들이 자연스럽게 바에 모여 한두 잔 정도 마시고 각자 흩어지는 문화를 보았다. 애인이나 배우자도 함께 와서 잠깐 대화를 나누고는 식사나 영화로 이어가는 풍경이 참 인상 깊었다. 다음 날 "과음했어~"라는 말이 나오지 않을 정도의 술자리, 그것이 이상적인 비즈니스 음주다.

③ 낮에 하기 어려운 이야기를 하지 않는다

술자리에서 '평소엔 말하기 어려운 피드백'을 꺼내는 경우가 있다. 하지만 이는 좋은 방법이 아니다. 술기운을 빌려 부정적인 이야기를 꺼내면, 상대는 상처받고 관계만 어색해진다. 업무 이야기는 언제나 낮에, 맑은 정신으로 해야 한다.

"중요한 이야기는 낮에 한다."

이 원칙 하나만 지켜도 리더십의 품격이 달라진다. 이러한 주의점을 마음 한켠에 두고 술자리를 활용한다면, 술이 '억지 소통의 수단'이 아니라 '신뢰를 다지는 계기'가 될 것이다.

술의 힘을 잘 사용한다

앞서 말한 '잡담'과 '농담'은 술과 궁합이 좋다. 술자리는 낮에는 묻기 어려웠던 고민이나 속마음을 자연스럽게 꺼낼 수 있는 기회가 된다. 이때는 듣는 사람의 입장이 되어야 한다. 술에 취하지 말고 상대가 털어놓은 이야기를 잘 기억해두면, 훗날 일과 관련해 의뢰하거나 협업할 때 큰 도움이 된다.

여기까지 여러 측면에서의 저녁 커뮤니케이션을 살펴봤다. 무엇보다 중요한 것은 '일을 잠시 잊고 즐겁게 보내는 것'이다. 효율이나 생산성을 따지지 말고, 시시하더라도 편안하게 대화하며 맛있는 음식과 술을 즐기는 시간으로 삼자.

마지막으로 앞에서 "기본적으로 저녁 술자리는 직접 권하지 않는다"고 했지만, 예외가 있다. 바로 '축하 자리'다. 팀원이 프로젝트를 성공시키거나 승진했을 때는 기꺼이 함께

축하하며 그 기쁨을 나누자. 이런 순간은 팀의 사기를 높이고 신뢰를 깊게 만든다.

POINT

- 낮에 끝낼 수 있는 일은 낮에 끝낸다.
- 술자리에선 강요하지 않고, 옛날이야기를 하지 않으며, 낮에 하기 어려운 이야기는 꺼내지 않는다.

13 '일을 믿고 맡긴' 후의 지원

일을 의뢰한 후의 지원에 대해 이야기하겠다. 자동차로 치면 애프터서비스와 같은 개념이다. 의뢰를 끝으로 관계가 끝나는 게 아니라, 그 뒤의 대응이 품질을 결정한다.

리더가 해야 할 일은 세 가지다.

'피드백', '감사', '평가'.

이 세 요소가 '맡김의 완성'을 만든다.

적절한 피드백은 행동을 만든다

피드백

앞에서 벽돌 장인의 이야기를 소개했다. '성당을 짓는다'고 생각하며 벽돌을 쌓는다는 우화였다. 그런데 만약 당신이 그 장인에게 벽돌을 부탁한 사람이라면, 그에게 완성된 성당을 꼭 보여줘야 한다. 완성된 아름다운 건물과 그 안에서 기뻐하는 사람들의 모습을 장인이 본다면, 그는 자신의 노력이 헛되지 않았음을 느끼고 다음에 더 좋은 벽돌을 만들고 싶어질 것이다.

마찬가지로, 팀원에게 회의 자료를 부탁했다면 그 자료가 실제 회의에서 어떻게 도움이 되었는지를 구체적으로 알려줘야 한다. 팀원이 회식 장소를 예약했다면 그곳에서 접대가 얼마나 성공적이었는지를 반드시 전하자.

'보고·연락·상담'은 부하가 상사에게 하는 일방적인 의무가 아니다. 리더 역시 팀원에게 결과를 알려주고, 피드백을 전하는 책임이 있다.

사생활에서도 다르지 않다. 가족에게 "손님이 오니까 청소 좀 해줘"라고 부탁했다면, 덕분에 손님이 편안히 머물렀음을 감사와 함께 전하자. 피드백은 구체적일수록 좋다.

"하길 잘했다.", "다음에도 해야지.", "조금 더 하면 더 좋아질 거야." 이런 마음이 생기면, 그것이 곧 다음 행동으로 이어진다. 이것이 바로 '맡김 이후의 피드백'이다.

피드백 후에는 '감사'와 '평가'도 세트다

감사

'감사'는 피드백과 반드시 세트로 이루어져야 한다. 앞서 예로 든 벽돌 장인에게 이렇게 말한다고 생각해보자.

"덕분에 멋진 성당이 완성되어 지역 사람들이 많이 모입니다. 정말 고맙습니다."

이 한마디만으로 장인은 자신이 한 일이 세상에 어떤 의미를 가졌는지 깨닫고, 일에 대한 성취감과 만족감을 느낄 것이다.

심리학 연구에서도 '감사 표현은 스트레스를 줄인다'는 결과가 있다. 특히 매일 문제 해결과 조율에 시달리는 관리자나 리더일수록, 감사 인사를 습관으로 만드는 것이 정신적인 회복력resilience을 높인다.

평가

'평가'는 이 세 가지 중에서도 가장 어렵고, 이 주제만으로도 책 한 권을 쓸 수 있을 만큼 깊이가 있다. 그러나 핵심은 단순하다.

"인상으로 하지 말고, 기준으로 한다."

'열심히 했으니 좋은 점수를 주자'는 식의 주관적 평가가 아니라, 객관적이고 공정한 기준에 따라 평가해야 한다. 그렇게 해야 팀원은 결과에 납득하고, 다음 성과를 향해 자신감을 갖는다. 공정한 평가는 '맡김'을 완성하는 마지막 과정이다.

많은 리더들이 의뢰가 끝난 뒤 만족감에 젖어 그 이후의 지원을 잊기 쉽지만, 진짜 리더는 다르게 행동한다.

'집에 돌아갈 때까지가 소풍'이라는 말처럼, '피드백, 감사, 평가까지가 맡김의 전 과정'이다. 이 세 단계를 충실히 수행할 때, 리더십은 단순한 업무 지시를 넘어 '사람을 성장시키는 힘'으로 완성된다.

피크 엔드 법칙을 활용한다

'피드백', '감사', '평가'는 하나의 프로젝트, 즉 의뢰의 마지막 매듭이다. 심리학에서는 이를 '피크 엔드 peak end 법칙'이라고 부른다.

사람은 전체 과정보다 가장 강렬했던 순간(피크)과 마지막 순간(엔드)으로 기억을 판단한다. 아무리 힘들고 고된 프로젝트였더라도, 마지막 인상이 좋으면 전체가 좋은 기억으로 남는다.

바로 이 원리를 리더십에도 적용해야 한다. 즉, '끝이 좋으면 다 좋다'는 말은 결코 단순한 격언이 아니다.

의뢰의 마지막을 '좋게' 마무리하기 위해서는 반드시 피드백·감사·평가를 세심하게 전해야 한다. 그것이 다음 프로젝트, 다음 협업으로 이어지는 신뢰의 고리다. 특히 '감사'는 여기서 가볍게 언급했지만, 실제로는 리더십의 본질에 가까운 중요한 요소다.

7장의 '칭찬하기'에서 좀 더 깊이 다루겠지만, '감사'와

'칭찬'은 조직을 움직이는 가장 강력한 동력이다. 물론 모든 의뢰가 성공으로 끝나지는 않는다. 벽돌 장인의 이야기로 비유하자면, 때로는 벽돌이 결함품이라 성당을 완성하지 못할 때도 있다. 그럴 때 필요한 것이 바로 '올바르게 조언하는 법'이며, 이 역시 7장에서 구체적으로 다루겠다.

> **POINT**
> - 맡긴 업무가 어떤 도움이 되었는지 구체적으로 피드백한다.
> - 피드백·감사·평가는 다음 의뢰의 성과를 좌우한다.
> - 평가는 감정이 아닌 기준으로, 냉정하고 객관적으로 한다.

4장
이 시대에 적합한 일을 맡기는 방법

14 건전하게 일을 '맡기는 방법'과 Z세대의 매니지먼트

리더의 역할은 한마디로 정의하기 어렵다. 성과를 올리기 위해 목표를 설정하고, 팀원에게 동기를 부여하며, 피드백과 평가를 통해 장기적인 시점에서 팀의 성장을 지원한다. 이 모든 과정 속에서 업무를 적절히 분담하고 맡기는 일은 리더의 역할 중 핵심적인 일이다.

특히 노무 관리와 팀원의 신체·정신적 건강 관리는 절대 가볍게 여겨서는 안 된다. 이 책의 주제인 '맡기기'라는 표현은 '무책임하게 일을 던져주는 행위'를 의미하지 않는다.

야근을 시켜서라도 결과만 내면 된다는 식의 '방임형 위임'은 이 책이 지향하는 리더십과 정반대다. 내가 말하는 '맡기기'는 팀원의 성장을 촉진하고, 일을 통해 성취감과 만족감을 느끼게 하는 과정이다.

즉, 맡김의 목적은 결과가 아니라 사람이다. 이를 위해서는 단순히 일을 배분하는 데 그치지 않고, 각 팀원의 컨디션·역량·마음의 상태를 세심히 살피는 것이 전제되어야 한다.

건강과 능력을 고려하지 않은 맡김은 결국 '떠넘김'이 된다. 그러므로 진정한 리더는 '맡기기' 이전에 사람을 본다.

팀원을 망치지 않는 말김의 기술

팀원을 일부러 망치려는 리더는 없겠지만, 그럼에도 불구하고 의도치 않게 팀원의 건강이나 마음을 해치는 경우가 있다. 그 원인 중 하나가 바로 "나는 해냈으니까 괜찮겠지"라는 방심이다. 특히 개인 역량이 뛰어난 리더일수록 이 함정에 빠지기 쉽다.

조직에는 다양한 사람이 있다. 일이 빠른 사람, 느린 사람, 부담을 잘 느끼는 사람, 전혀 부담을 느끼지 않는 사람. 능력과 속도, 성격, 상황은 모두 다르다. 게다가 업무의 종류에 따라 경험치·나이·성별·기술 수준 등 어떤 요소가 유리하게 작용하는지도 달라진다. 따라서 '이 정도면 문제없다'는 기준을 리더 자신의 능력에 두어선 안 된다.

업무 수행의 기준은 그 일을 가장 어려워하는 사람에게 맞춰야 한다. 3절 '어려운 부탁일수록 선택지를 제시한다'에서 다뤘듯, 의뢰할 때는 반드시 상대의 환경, 여력, 의욕을 확인해야 한다.

"프로젝트가 많이 겹치는데 이 일정으로 괜찮을까요?"
"필요하다면 팀을 재편해서 지원하겠습니다."

이런 말 한마디가 팀원의 부담을 크게 줄인다. 작은 배려가 팀의 건강을 지키는 매니지먼트의 기본이다.

일을 맡길 때는 좋은 뜻으로 '기대'를 지나치게 키우는 실수도 한다. 물론 '피그말리온 효과 Pygmalion Effect'처럼 기대가 동기 부여가 되는 경우도 있다. 하지만 지나친 기대는 부담으로 바뀐다. 부담감이 커 보일 때는 "실패해도 괜찮아", "힘들면 도와줄게"와 같은 말로 긴장을 풀어주자. 의뢰가 끝이 아니라, 그 후의 정서적 지원까지가 진짜 맡김이다.

건강 문제는 눈에 띄는 신호가 없을 때가 많다.

"본인이 괜찮다고 했다", "운동을 좋아하니까 문제없겠지" 이런 안일한 판단은 금물이다. 밝은 성격이나 체력은 건강의 보증서가 아니다. 육체적·정신적 부담은 보이지 않게 쌓이며, 리더는 그 변화의 조짐을 세심하게 살펴야 한다.

건강 관리에 지나친 주의란 없다. "괜찮겠지"보다 "혹시 힘들진 않을까?"를 먼저 떠올리는 리더, 그런 리더가 팀을 지킨다.

Z세대를 성장시키는 법

많은 경영자와 매니저들이 공통적으로 고민하는 주제가 있다. 바로 Z세대의 인재 육성이다. 지금까지 해오던 방식대로 지도하고 일을 맡겼는데도 예상과는 다른 반응을 보이고, "무엇을 원하는지 모르겠다"는 말을 자주 하게 된다. 하지만 세대 차이는 Z세대만의 문제가 아니다.

고대 벽화에도 '요즘 젊은 것들은…'이라는 불평이 적혀 있었다는 말이 있을 정도로, 세대 간의 시각 차이는 시대를 불문하고 존재해 왔다. 다만, Z세대가 일과 조직에 기대하는 가치는 확실히 달라졌다. 이들은 급여 인상이나 승진 같은 외적 보상보다 성장과 목적의식purpose을 중시하는 경향이 강하다.

"이 일이 나의 성장에 어떤 의미가 있는가?"

"이 일이 회사와 사회에 어떤 도움이 되는가?"

Z세대는 이러한 질문에 납득할 수 있을 때 비로소 몰입한다.

이 책의 핵심 주제 중 하나는 바로 '성장의 실감'이다. 맡김을 통해 스스로 성장하는 경험, 그것이 개인과 조직을 함께 성숙시키는 힘이다.

1장 서두에서 다룬 '목적의 명확화' 또한 같은 맥락이다. 일의 의의와 목표를 분명히 알리고, "왜 이 일을 해야 하는가"를 설명하는 것은 Z세대의 동기를 자극하는 가장 효과적인 방법이다.

또한 Z세대는 다음과 같은 욕구가 강한 세대다.

- 자신의 이야기를 들어주길 원한다.

- → 3장에서 다룬 '경청'과 '면담'이 핵심이다.
- 잦은 인정을 바란다.
  - → 7장의 '칭찬하는 기술'에서 구체적으로 다루겠다.
- 다양성을 존중받고, 상사의 방식을 강요받기 싫어한다.
  - → 다음 절에서 이어서 설명한다.

결국 이 책에서 말하는 '맡김의 요령'은 Z세대를 가장 효과적으로 성장시키는 리더십이기도 하다.

본질적으로 이 철학은 세대와 관계없이 모든 사람에게 통하는 '건전한 맡김의 원리'다. 리더라면 자신 있게 일을 맡기고, 그 안에서 젊은 세대가 스스로 성장할 수 있도록 기회를 설계해야 한다.

POINT

- 팀원의 건강 관리와 컨디션 파악을 최우선으로 삼는다.
- 기대와 부담의 균형을 세심히 조정한다.
- 올바른 '맡김'은 Z세대에게도 유효하다.

정답이 없는 시대, 다양성 사회의 '말길'을 생각한다

"군주민수君舟民水 — 임금은 배요, 백성은 물이다."

중국 고전에서 전해지는 이 말은, 배를 띄우는 것도, 뒤집는 것도 물이라는 사실을 상징한다. 즉, 리더라면 권력의 자리에 앉아 거드름을 피우는 것이 아니라 백성을 소중히 여기고 보살펴야 한다는 교훈이다.

이 철학은 비즈니스에서도 그대로 통한다. 상사와 부하의 관계 역시 본질적으로 다르지 않다.

"리더는 팀원보다 위대한 존재가 아니라, 단지 역할이 다를 뿐이다."

1장에서 언급했듯, 리더는 팀원 위에 있는 존재가 아니라, 팀원을 통해 조직의 방향을 조율하는 사람이다. 팀원을 단순히 '지시를 수행하는 손발'로 보는 순간, 리더십은 무너진다.

'나를 얼마나 도와줄 것인가'라는 자기중심적 사고에서 벗어나 '주인공은 팀원이다'라는 인식 전환이 리더십의 출발점이다.

오늘날의 경영 환경은 흔히 뷰카VUCA(변동성Volatility, 불확실성Uncertainty, 복잡성Complexity, 모호성Ambiguity) 시대라고 불린다.

정답이 없고, 변화가 예측 불가능하며, 과거의 성공 방정식이 통하지 않는 시대다. 이런 시대에는 '명령형 리더십'보다는 '공감형 맡김'과 '자율형 리더십'이 요구된다.

예전에는 한 명의 리더가 강력한 힘으로 조직을 끌고 가는 '① 지배형 리더십'이 주류였다. 명령과 복종이 조직의 질서를 유지했고, 성과를 내는 수단으로 여겨졌다. 준법 의식이나 직장 내 괴롭힘이라는 개념이 희박했던 시절, 톱다운식

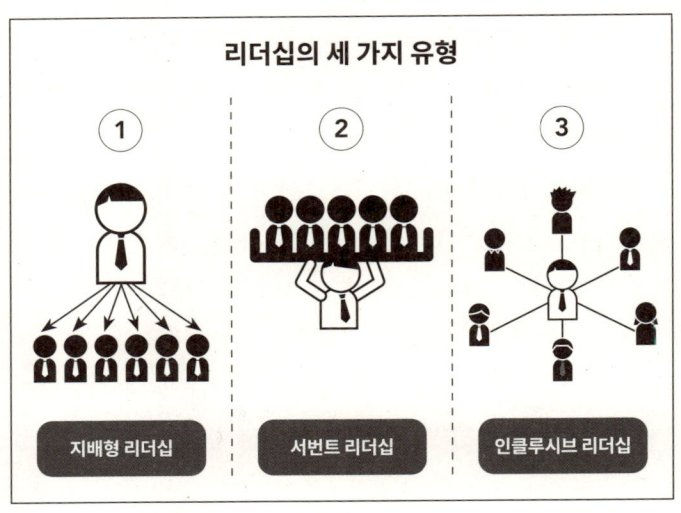

통제가 '당연한 맡김 방식'으로 자리 잡았다.

하지만 지금은 다르다. 조직 구성원의 다양성, 가치관, 일하는 방식이 달라진 시대에는 '떠맡기기'식의 일방적인 위임은 오히려 독이 된다. 이제 리더는 명령을 내리는 존재가 아니라, '다양한 물결 위에서 균형을 잡는 항해자'가 되어야 한다.

다음 16절에서는 이 시대가 요구하는 리더십 전환, 즉 '② 서번트 리더십'과 '③ 인클루시브 리더십'의 구체적 특징과 그에 맞는 '맡김의 요령'을 설명하겠다.

앞으로의 시대는 다양성을 살린 맡김의 방식으로

앞으로의 시대에는 봉사형이라고 하는 '② 서번트 리더십'을 갖춘 리더를 추천한다. 팀원을 주인공으로 받아들이고, 개개인의 능력을 강화해 조직의 성과를 극대화하는 유형이다. '맡기기'는 개인의 성장을 목적으로 하며, 이 책의 사고방식과도 가깝다.

다양성이 있는 조직에서는 포괄형이라고 하는 '③ 인클루시브 리더십'이 이상적인 리더상이다. 개개인의 자율성을 존중하며, 점이 아닌 면으로 조직이 확대·성장해 나가는 것이 특징이다. 이는 수많은 기업이 몰두하고 있는 다양성 diversity과 포용성 inclusion에 가장 적합한 리더 유형이다.

탑다운 방식으로 일원 관리하거나 세세하게 지시를 내리는 게 아니라, 다채로운 인재를 다양한 가치관에 따라 맡기는 것이 특징이다.

지배적인 ①의 방법으로 성장해 성공한 조직도 한때는 많았지만, 직장 내 괴롭힘이나 팀원의 정신 건강 등 여러 문제가 드러났다. 리더의 의향을 따르지 않는 사람은 떨어져 나간다는 단점도 있었다. 또한 시대적 관점에서도 변화 속도가 비교적 느렸던 과거와는 크게 달라졌다.

오늘날 같이 앞일을 예측할 수 없는 사회에서는 비즈니스 환경이 끊임없이 크게 변하고 있다. 힘센 공룡보다 변화에 대응할 수 있었던 종이 살아남았듯, 조직 전체의 유연성과 다양성이 더욱 중요해졌다.

따라서 리더십의 세가지 유형 ②, ③의 리더상을 지향해야 한다. 쇠와 같은 단단함보다 대나무 같은 유연함이 중요하다고 할 수 있겠다.

앞으로의 비즈니스는 그것이 상품 개발이든, 영업 프로모션이든, 고객 서비스든, 폭넓은 시각·고찰·지식이 뒤얽혀 사회의 요구에 부응하는 형태로 발전해 갈 것이다.

서로 다른 특성과 배경을 가진 인재가 각자의 방식으로 일하며 조직의 동질화를 막는 것, 그것이 앞으로의 시대를 살아가는 조직이 가져야 할 가장 중요한 힘이다.

> **POINT**
>
> - 다양성을 존중한 매니지먼트 스타일이 반드시 필요하다.
> - 지배형이 아니라 봉사형, 포괄형 리더십을 목표로 한다.

16 거절하는 용기와 기술

'어떤 일을 의뢰할 것인가'와 마찬가지로 '어떤 일을 의뢰하지 않을 것인가'도 중요하다.

훌륭한 리더일수록 쓸데없는 작업이나 과로로 이어지는 업무를 줄이기 위해 노력한다. 시간이 지나치게 부족하거나, 어쩔 수 없이 과로하게 되는 일이라면 애초에 받지 않는다는 판단(=자기 선에서 막는다)도 필요하다.

나는 근무 중인 회사의 인턴십 프로그램을 통해 해외 플래닝 회사에서 6개월간 일할 기회를 얻은 적이 있다. 독특한 아이디어와 문제 해결력을 강점으로 내세우는 캐나다의 기업이었다. 그 회사의 경영진과 대화를 나누며 놀랐던 점은, 실제로 맡은 일이 들어온 일의 절반도 되지 않았다는 점이다. 그들은 일의 내용, 목적, 예산, 납기 등을 면밀히 검토한 뒤 수행 여부를 신중하게 결정했다.

일본에서는 거래처의 부탁을 거절하려면 용기가 필요하다. 거절하지 않는 것이 거래처와의 신뢰를 쌓는 일이라 여겨지고, 인간관계나 주변 시선을 의식하게 되는 것도 사실이다. 그러나 워크 라이프 밸런스를 중시하고, 노동시간 단축이 요구되는 지금 시대에는 이전까지의 방식을 바꾸어야 한다.

일 선택의 장점

일을 선택하는 것은 결과적으로 노동 환경을 개선하고, 팀의 동기 부여와 퍼포먼스도 높인다.

내가 6개월 동안 일했던 캐나다의 기업도 필요한 일만 선별해 맡으면서 꾸준히 성장해 나갔다.

리더에게 주어진 숫자는 아무리 작은 액수라도 확실히 쌓아 올려야 하는 과제다. 따라서 결단에는 언제나 용기가 필요하다.

다른 예로, 내가 자주 가는 한 이탈리안 레스토랑이 어느 날 갑자기 점심 영업을 중단했다. 사정을 들어보니 노동 환경 개선이 이유였다.

점심 영업을 하려면 직원들이 아침 10시부터 출근해야 하고, 밤늦게까지 영업을 이어가야 했다. 점심 매출을 생각하면 주인으로서는 쉽지 않은 결정이었을 것이다. 그럼에도 그는 과감히 점심 영업을 폐지하고, 대신 저녁 영업을 기존보다 30분 앞당겨 18시부터 시작하기로 했다. 그러자 예상치 못한 일이 일어났다. 퇴근 후 바로 저녁을 즐기려는 손님

들이 늘어나 디너 예약이 가득 차기 전 한 차례 회전이 가능해진 것이다. 게다가 저녁에는 술 주문이 많아져 단가도 상승했다.

결과적으로 근무 시간은 크게 줄었고, 직원들의 의욕은 높아졌으며, 매출까지 늘어나는 긍정적인 선순환이 이루어졌다. 주인은 그 변화를 이야기하며 무척 기쁜 표정을 지었다.

때로는 일을 줄이는 결단도 내려야 한다

이야기의 무대는 레스토랑이지만, 오피스 비즈니스 현장에서도 눈앞의 매출보다 더 큰 가치를 우선적으로 생각하면 뜻밖의 성장을 이룰 수 있다.

회사의 경영 판단은 물론, 한 부서 단위에서도 마찬가지다. 경영자라면 회사의 숫자에, 리더라면 부서의 숫자에 당연히 책임을 져야 한다. 그러나 그와 동시에 팀원의 건강 상태와 노동 의욕의 균형도 고려해야 한다.

그리고 때로는 용기를 가지고 일을 줄이는 결단을 내려야 한다. 노동력은 무한하지 않다. 허용량을 넘는 일이 계속 쌓이면 결국 어딘가에서 넘쳐 홍수가 일어난다. 멈출 것이라면 상류에서 멈춰야 피해를 최소화할 수 있다.

효과적인 '맡기기'를 통해 성과를 내기 위해서라도, 줄일 일은 줄이고 거절할 일은 거절하자.

> **POINT**
> - '어떤 일을 의뢰하지 않을 것인가'라는 판단도 중요하다.
> - 무리한 일은 리더의 선에서 거절할 용기를 가져라.

17 영리한 거절의 기술

앞 절에서 '때로는 일을 받지 않는 것도 중요하다'고 말했다. 이해는 되지만, 막상 거절하려니 꺼림칙하거나 잘 거절하지 못하겠다는 사람도 많을 것이다.

'이화위귀以和為貴 — 서로를 존중하고 인정하며 협력하는 것이 가장 귀하다.'

이러한 일본 문화 속에서 일해 온 나로서 그 마음을 누구보다 잘 안다. '일을 맡기는 방법'이라는 주제에서 잠시 벗어나지만, 여기에서는 '거절하는 기술'에 대해 조금 이야기해 두겠다.

나도 1년에 100건에 가까운 프로젝트를 배정하기 때문에 당연히 거절당할 때도 있다.

"바쁘다." "할 자신이 없다." "내 적성과 맞지 않는 것 같다." 이유는 제각각이다.

그런데 의뢰하는 입장에서 보면 거절의 방식에 따라 인상이 달라진다. 어떤 거절은 깔끔하고 기분이 좋지만, 어떤 것은 다소 무례하거나 냉정하게 느껴질 때도 있다.

수많은 거절을 겪으며 나는 단 한마디면 충분한 '마법의 말'을 발견했다.

"또 불러주세요."

마지막에 이 한마디를 덧붙이면 모든 것이 부드럽게 마무리된다. 이 말 속에는 "이번엔 조건이 맞지 않았을 뿐이다", "일은 거절하지만 당신을 싫어하는 것은 아니다", "좋은 관계를 이어가고 싶다"라는 여러 뉘앙스가 담겨 있다. 그야말로 거절의 기술을 완성하는 한 문장이다.

상대방의 시간을 빼앗지 말고 솔직하게 거절한다

일을 거절하면 '관계가 나빠지지 않을까?', '출세에 영향을 주지 않을까?' 걱정하는 사람이 많다. 그러나 이는 전혀 나쁜 행동이 아니다.

오히려 바쁜데도 무리해서 일을 맡아 몸에 탈이 나거나, 일할 의욕이 없는데 억지로 담당을 맡는 편이 훨씬 더 곤란한 결과를 낳는다.

회사 내에서는 장황한 변명이나 설득력 있는 이유를 길게 늘어놓을 필요가 없다. 중요한 것은 '잘 생각한 이유'보다 즉시 답하는 것이다. 거절하더라도 바로 답하면 왠지 무례한 것 같아 시간을 두는 사람도 있다. 곧바로 답하지 않아야 충분히 검토한 인상을 줄 수 있다고 생각하기 때문이다.

데이트 권유나 프러포즈라면 그럴 수도 있다. '결혼해 주세…'라고 말이 끝나기도 전에 '싫어요'라고 답하면 상대가 받을 충격이 크다. 이럴 때는 상대의 마음을 헤아려 시간을 두고 이유를 정리하는 것이 옳은 판단이다. 그러나 비즈니스 현장에서는 그런 배려가 필요 없다. 속도가 곧 신뢰다.

의뢰하는 사람 입장에서는 당신의 답이 빠를수록 다음 후보에게 맡길 수 있다. 당신이 거절하면, 단지 다른 사람에게 기회가 넘어갈 뿐이다. 무정하게 들릴 수도 있지만 그것이야말로 비즈니스의 본질이다.

거절 방법에도 기술이 있다

앞서 거절에도 좋은 방법이 있다고 했다. 한번은 거절했지만 이후에 좋은 일로 이어진 사례들을 돌이켜 보니 공통점이 있었다. 의뢰를 수락할 수 없는 이유를 명확히 밝혀 두는 것이다.

'납기가 앞으로 2주만 더 있으면 대응할 수 있었을 텐데…'

'예산이 아무래도 맞지 않아서…'

'솔직히 짐이 무겁고 자신이 없어서, 경험을 좀 더 쌓은 후에…'

이처럼 수락이 어려운 구체적 원인을 알리자. 의뢰자는 다음부터 그 점을 보완해 다시 타진하게 된다. 이것이 다음으로 이어지는 '거절 방법'이다.

마지막으로 정리하면 이렇다.

① 거절하는 구체적인 이유를 말한다.
② 재빨리 답한다.
③ 마지막에 '또 불러 주세요'라는 마법의 말을 덧붙인다.

POINT

- '또 불러 주세요'는 많은 것을 상쇄하는 마법의 말이다.
- 거절할 때는 개의치 말고 신속하게 답한다.
- 시간이나 예산 등 조건이 맞지 않을 때는 구체적인 이유를 말한다.

5장

그래도 '일을 맡기지 못하는' 사람에게

'일을 맡길 만한 사람이 없다'는 것은 오해다

그럼에도 불구하고 '아무래도 일을 맡길 수가 없다'고 말하는 사람이 있다. 혹시 당신도 그런 사람인가? 괜찮다. 그것은 오히려 당신이 유능하다는 증거다.

일을 맡기지 못하는 리더들을 많이 보아왔는데, 그들에게는 한 가지 공통점이 있다. 대부분이 개인으로서 뛰어나게 활약해 온 사람들이라는 점이다.

리더 본인이 능력과 경험이 풍부하다면, 누군가에게 일을 맡기기를 주저하는 것은 어찌 보면 당연한 일이다. 그러나 마음가짐을 바꾸면 충분히 맡길 수 있다. 우선, 맡기지 못하는 이유부터 차근히 생각해 보자. 그 이유는 크게 두 가지다. 이 절에서는 그중 첫 번째 이유를 살펴보겠다.

팀원을 믿고 한번 맡겨 본다

먼저 첫 번째 이유는 '일을 맡길 만한 훌륭한 멤버가 없다'는 생각이다. 팀장급에게 '일을 맡기는 요령'을 설명하면 종종 이렇게 말한다. "그건 주위 사람들이 뛰어나니까 가능한 일 아닌가요?"

확실히 내 주위에는 능력 있고 성실하게 일하는 후배나 팀원이 많다. 그 덕분에 감사한 마음으로 매일 일하고 있다. 하지만 이것은 이른바 '닭이 먼저냐, 달걀이 먼저냐'의 문제다.

이렇게도 생각할 수 있다.

'일을 맡기지 않으니까, 아무리 시간이 흘러도 맡길 수 없게 된다.'

'맡긴다'는 것은 일본 니혼TV의 인기 프로그램 〈나의 첫 심부름 はじめてのおつかい〉과 비슷하다. 어린아이가 용기를 내어 스스로 심부름을 완수하며 성장하는 모습을 보여주는 리얼리티 쇼. 그 감동적인 장면들 덕분에 최근에는 해외에서도 큰 화제를 모았다.

이 프로그램에서 부모가 "아직 능력이 부족하니 혼자 내보낼 수 없다"고 판단하면, 아이는 결코 성장할 수 없다.

부모가 옆에 붙어서 "자, 여기서 오른쪽으로 꺾어.", "그래, 이 두부를 계산대에 가져가서 이 100엔을 줘." 이렇게 모든 것을 지시한다면 그 심부름은 아무 의미가 없다.

비즈니스도 마찬가지다.

- 팀원의 힘을 믿는다.
- 어느 정도의 실패는 성장에 필요하다고 생각한다.

- 큰 사고만 일어나지 않게 뒤에서 지켜본다.

팀원을 지금의 자신과 비교하지 않는다

부모가 언제까지나 자식을 어린아이로만 여기는 것처럼, 리더도 팀원이 아직 미숙하다고 생각하기 쉽다. 그 이유는 언제나 '지금의 자신'과 비교하기 때문이다.

리더와 비교하면 능력이나 경험이 부족해 보일 수 있다. 그러나 팀원에게는 그 사람만이 가진 강점과 잠재력이 있다. 그 힘을 믿고 한번 일을 맡겨 보자.

일을 맡기고 책임을 지게 하면, 팀원은 스스로 생각하고 판단하며 자신의 힘으로 일을 진행해 나가고, 그 과정에서 반드시 성장한다.

실패는 투자다. 긴 안목으로 보면 작은 실패를 하더라도, 그 경험이 몇 배의 성과로 돌아온다.

물론 되돌릴 수 없는 큰 사고나 손실은, 아무리 성장을 위한 일이라도 일어나서는 안 된다.

그런 일이 발생하지 않도록 최소한의 지원은 하되, 작은 실패는 오히려 적극적으로 경험하게 하라. 이것이 긴 안목으로 보았을 때 조직을 한층 더 강하게 만든다.

POINT

- 일을 믿고 맡기지 않으면, 아무리 시간이 지나도 맡길 수 없게 된다.
- 어느 정도의 실패는 투자라고 생각하고 경험하게 한다.
- 큰 사고가 일어나지 않도록 뒤에서 조용히 지켜본다.

'직접 해야 빠르다'는 생각을 버려라

'아무래도 일을 맡기지 못하는' 또 다른 이유는 대개 다음과 같다.

'직접 해야 빠르다.'

개인으로서 뛰어난 사람일수록 이렇게 생각하기 쉽다. 확실히 경험이 부족한 팀원에게 일을 맡기면, 그 뒤에 도와야 할 일도 많고 손이 많이 간다. 또한 이 '직접 해야 빠르다'는 태도에는 품질에 대한 불안감도 숨어 있다. 직접 움직여야 좋은 결과를 낼 수 있다고 느끼는 일도 많을 것이다.

경험도 있고 능력이 뛰어나기에 리더가 된 것이니, 이런 생각 자체는 틀리지 않다. 그러나 그 생각에는 명확한 한계가 있다. 단기적으로 보면 직접 처리하는 것이 효율적으로 보일지 몰라도, 장기적으로는 일을 맡기지 않음으로써 팀원의 성장 기회를 빼앗고, 결국 조직 전체의 역량을 끌어올리지 못하게 된다.

팀원의 능력을 덧셈이 아니라 곱셈으로 계산한다

내가 막 팀장이 되었을 때의 일이다. 상사의 발탁으로 큰 프로젝트를 맡게 되어 의욕적으로 팀을 꾸렸다. 모든 준비가 일단락되었을 무렵, 한 후배가 찾아와 말했다.

"제 기획이 채택되지 않아서, 이 팀에 있어도 의미가 없는 것 같아요."

그 말에 충격을 받았다. 나는 리더로서의 자질이 없고, 팀장이라는 역할이 나와 맞지 않는다는 생각에 한동안 의기소침했다. 지금 돌아보면, 나는 팀을 꾸려놓고도 결국 '내 아이디어를 실현하는 일'에 집중하고 있었다. 인정하기는 어렵지만, 내가 주인공이고 팀원은 조연이라는 인식이 있었던 것이다.

결과적으로 프로젝트는 성과를 냈지만, 팀 전체가 시너지를 내며 상상 이상의 결과를 만든 것은 아니었다. 이 일을 통해 나는 깨달았다.

리더의 일은 1+1=2가 되어서는 안 된다. '1'이었던 젊은 직원이 '2', '3'으로 성장하며 곱셈의 힘으로 팀 전체의 퍼포먼스를 끌어올릴 때, 그것이야말로 리더의 사명이자 진정한 보람이다.

지금이 아니라 팀의 미래를 생각한다

예를 들어 영업부에서 신규 계약을 얼마나 성사시킬 수 있는지를 기준으로 생각해 보자.

팀장 본인은 능력이 뛰어나서 계약을 10건 성사시킨다. 팀원 10명은 각각 1건씩.

이 정도의 격차가 있다면, 일을 맡기거나 팀원의 성장에 시간을 쓰기보다 '차라리 내가 직접 하는 게 빠르다'는 생각이 들기 쉽다. 숫자로 표현하면 이렇다.

'10+(10×1)=20'

다음은 팀장이 현장에서 직접 일하는 시간을 절반으로 줄이고, 그만큼 팀원의 성장에 힘을 쏟는 경우다. 본인의 계약 건수가 10건에서 5건으로 줄더라도, 팀원 한 명이 2건씩 성사시키면 전체 성과는 이렇게 된다.

'5+(10×2)=25'

처음에는 뜻대로 되지 않을 수도 있다. 하지만 긴 안목으로 보면, 팀원의 능력은 '2'가 상한이 아니다. '3', '4', 나아가 '10'까지 성장해 팀장을 능가할 수도 있다.

'직접 해야 빠르다'는 것은 지금의 이야기일 뿐이다. 멀리 내다보면, 팀 전체의 총력은 결코 한 사람의 힘에 미치지 않는다. 진정 중요한 것은 팀원의 가능성을 믿는 것이다. 정신론처럼 들릴 수도 있지만, 매일 매니지먼트를 하다 보면 이 원리를 몸으로 실감하게 된다.

성장의 순간을 직접 경험한다

사람은 성장한다. 만약 성장하지 않는다면, 그것은 스스로의 문제다. 엄격하게 말하자면, '팀에 맡길 만한 사람이 없다'는 말은 곧 '나는 리더로서 무능하다'는 뜻과 다르지 않다. 또한 '직접 해야 빠르다'는 생각은 팀원의 성장을 외면하고 조직을 약하게 만드는 위험한 발상이다.

먼저 마음가짐을 바꾸자. 팀원의 잠재력을 믿고, '일 맡기기'를 시도해 보라. 그 과정에서 생기는 작은 실패는 그냥 눈감아주자. 시도해 보고 정말 도저히 안 되겠다 싶으면, 다시 돌려서 직접 하면 된다. 중요한 것은 '시도했느냐'이다.

한 번 성장의 순간을 실감하게 되면, 이후에는 훨씬 더 쉽게 일을 맡길 수 있다. 그 선순환이 이루어졌을 때, 팀원뿐 아니라 당신 자신 또한 성장했음을 체감하게 될 것이다.

> **POINT**
> - 리더가 일을 직접 하는 것만으로는 한계가 있다.
> - '사람은 성장한다', 이 믿음으로 일을 맡겨본다.

20 '어중간하게 일 맡기기'는 위험하다

이 장의 앞부분을 읽고, '그래, 이제 한 번 일을 맡겨 보자'라고 결심한 사람도 있을 것이다. 그러나 그런 사람이 가장 먼저 빠지기 쉬운 함정이 있다. 바로 '어중간하게 일 맡기기'다.

"그래도 다 맡기기엔 불안하다."

이 고민은 의외로 흔하다. 굳이 '어중간하게 일 맡기기'라는 다소 부정적인 표현을 쓴 이유도 바로 여기에 있다. 일을 맡길 거라면 반쯤이 아니라 완전히 믿고 맡기라는 의미다.

"너한테 맡길게." 그렇게 말해놓고도 "그 일 어떻게 됐어?", "그 방식보다 이렇게 해야 빠르잖아"라고 덧붙이는 경우가 많다. 이런 장면은 어느 조직에서나 자주 본다. 그 마음은 이해된다. 자신과 다른 방식으로 일이 진행되면 신경이 쓰인다. 우선순위가 다르거나 비효율적으로 보일 때면, 리더로서 '바로잡아야 한다'는 의무감이 들기도 한다. 나 역시도 한때는 그랬다.

"일을 맡겼다"고 하면서도 '지도'라는 명목으로 일일이 확인했다. 그러나 이 '어중간한 일 맡기기'는 가장 위험한 행동이다. 팀원의 의욕을 꺾고, 주체성을 앗아가기 때문이다.

아이에게 "그림을 그려 봐" 하며 크레용을 건네놓고, "아니야, 선은 더 똑바로 그려야지", "밝은색을 더 써야지" 하며 간섭하다가 결국 부모가 크레용을 손에 쥐는 것과 같다. 이렇게 되면 아이는 스스로 그림을 그릴 의지를 잃고, 지시를 기다리는 인간이 되어버린다.

당시의 나는 이런 점을 전혀 깨닫지 못했다. 오히려 '리더로서 의미 있는 일을 했다'고 생각하며 스스로를 자랑스럽게 여기기까지 했다.

실패를 경험하게 하는 것을 목표로 한다

인간은 누구나 자신의 존재 의의를 증명하고 싶어 하는 존재다. 그래서 리더는 본능적으로 '이럴 땐 이렇게 해야 해' 하고 조언을 덧붙이고 싶어진다. 그러나 그런 행동은 상대의 입장에서 보면 '결국 전혀 맡기지 않잖아…'라는 인상을 주며 의욕을 꺾고, 자율성을 빼앗는 결과로 이어진다.

일을 맡긴 후, 참견했던 그날 후배의 허무한 눈빛을 나는 아직도 잊지 못한다. 그때의 나를 떠올리면, 지금도 부끄러움과 함께 깊이 반성하게 된다. 여기서 내가 존경하는 한 경영인의 말을 소개하고 싶다.

리크루트 홀딩스의 사장이자, Indeed의 CEO로도 잘 알려진 이데코바 히사유키 出木場久征 씨가 TV도쿄의 〈캄브리아 궁전〉 800회 특집 방송에서 이렇게 말했다.

"내가 자주 하는 말 중 하나가 있습니다. '매니지먼트란 무엇인가?'라고 묻는다면 '이런 일을 하면 실패한다'고 말할 수 있는 것, 다시 말해 '실패하지 않게 하는 것은 매니지먼트가 아니다'라고 답하겠습니다. 실패를 경험하게 하는 것이야말로 최고의 매니지먼트입니다."

TV 화면 너머로 이 말을 들었을 때, 이토록 깊이 공감한 적은 없었다. 미국 현지에서 M&A를 성공시키고, 젊은 나이에 글로벌 기업의 CEO로서 성과를 이어가는 그의 말은 그 자체로 강한 설득력을 지닌다.

'일을 맡기기'도 쉽지 않지만, 실패를 허용하며 '완전히 믿고 맡기기'는 훨씬 더 큰 용기가 필요하다. 자신의 방식과 다르더라도, 일단은 지켜보자. 적극적으로 실패하게 하라. 그 과정에서 팀원은 스스로 생각하고, 직접 행동하며, 성장한다. 물론 되돌릴 수 없는 큰 사고나 손실이 일어나지 않도록 최소한의 안전선만은 확보해야 한다.

그 외의 모든 일에는 느긋한 마음으로 바라보자.

그 인내의 순간이, 진정한 리더의 자질을 결정한다.

일을 맡은 사람의 방식에 참견하지 않는다

비즈니스 현장에서 성공과 실패를 가르는 결정적인 순간은 생각보다 많지 않다. 그 몇 번의 중요한 판단만 제대로 내리면, 대부분의 일은 치명적인 영향을 남기지 않는다. 다시 말해, 일의 90퍼센트는 준비 운동에 불과하다.

준비 운동은 중요하지만, 완벽할 필요는 없다. 세세한 것까지 간섭하는 마이크로 매니지먼트는 지금 당장 멈추자.

기획서를 작성하는 방식, 다른 부서와의 소통 방법, 거래처와의 연락 스타일이 당신과 다르더라도 그때마다 고쳐주려 하지 말라. 그 사람의 방식으로 진행하게 두라. 사람은 자신의 판단으로 일을 진행할 때 비로소 배우고 성장한다. 그 성장이 쌓여야 팀이 강해진다. 이 한 문장을 마음에 새기자.

"맡길 거면, 끝까지 믿고 맡긴다."

POINT

- 실패를 경험하게 하는 것이 매니지먼트의 핵심 역할이다.
- 맡길 거면 끝까지 다 맡긴다.

처음으로 일을 맡겨 눈이 확 트인 경험

'일을 믿고 맡기는 요령'에 대해 마치 전문가처럼 이야기했지만, 나도 처음부터 이 원칙들을 알고 일을 맡긴 것은 아니었다.

'시작하며'에서 말했듯이, 수많은 실패를 거쳐 지금의 방식에 이르렀다. 내가 처음으로 누군가에게 일을 맡겼을 때는, 지금 돌이켜보면 잘못된 맡김의 전형적인 사례였다. 개인으로서도 이미 일이 넘칠 만큼 바쁘던 시기였다. 그런데 상사에게서 또 다른 지명 업무가 들어왔다. 도저히 감당할 여력이 없어, 별다른 생각도 없이 후배에게 일을 떠넘겼다. 상대의 의욕이나 일정, 상황을 확인하지도 않고, 반쯤은 명령처럼 맡겨버렸다.

다행히 그 후배가 유능해서 일이 문제없이 진행됐다. 프로젝트가 안정된 후, 미안한 마음과 함께 '고맙다'는 말을 전하려던 순간, 오히려 그 후배가 먼저 내게 이렇게 말했다.

"제 연차에서는 맡을 수 없는 일이었는데, 좋은 경험이 되었습니다."

"이 일을 계기로 다른 선배님께서도 불러주셨습니다."

그 말을 듣는 순간, 나는 놀라움과 함께 묘한 감정을 느꼈다. '죄책감'을 품고 있던 나에게, 후배의 '감사의 인사'가 돌아온 것이다. 그때 느꼈다. '감사 인사를 받는 맡기기'도 존재한다는 사실을.

그날 처음으로 시야가 열렸다. 물론, 지금 돌이켜보면 그때의 맡김은 단순히 '무리한 요구'였다. 운이 좋아 결과적으로 성공했을 뿐, 자칫하면 큰 실패로 이어지거나 후배에게 과로와 부담을 주었을 수도 있다. 그야말로 아슬아슬한 '맡기기'였다.

처음으로 일을 맡길 때는 작은 일부터

그 일을 계기로 나도 크게 반성했고, 그 후부터는 의뢰하기 전에 반드시 한 번 더 생각하게 되었다. 물론 그 뒤에도 여러 번 시행착오를 겪었지만, 그 실패의 누적이 지금 이 책에 담긴 내용을 낳았다고 생각하면 완전히 헛수고는 아니었을 것이다. 하지만 독자 여러분만큼은 같은 실패를 되풀이하지 않기를 바란다.

특히 '처음으로 일을 맡길 때' 실패하면, 그 경험이 트라우마가 되어 다시는 일을 맡기지 못하는 사람이 되어버린다. 운 좋게 아무 생각 없이 맡긴 일이 잘될 수도 있지만, 성공 확률을 높이기 위해서는 반드시 이 책에서 말한 기본 원칙을 실천해야 한다. 처음으로 일을 맡길 때는 다음 세 가지를 꼭 유의하자.

> **처음으로 일을 맡길 때의 포인트**
> - 잘 알고 신뢰할 수 있는 팀원에게 부탁한다.
> - 신입사원보다는 경험이 있는 팀원에게 맡긴다.
> - 규모가 작은 프로젝트부터 맡긴다.

옆 부서의 이름도 잘 모르는 신입사원에게 회사 명운이 걸린 대형 프로젝트를 맡긴다면… 실패의 냄새가 짙게 풍길 것이다.

요리를 한 번도 해본 적 없는 파트너에게 프랑스 요리 풀코스를 부탁하는 것과 같다. 그보다는 먼저 된장국 하나를 끓이게 하거나, 채소를 써는 일부터 맡기는 편이 훨씬 현명하다.

비즈니스도 마찬가지다. 처음으로 일을 맡길 때는 작은 일부터 시작해 보자.

> **POINT**
>
> - 일을 맡겨서 감사 인사를 받을 때가 있다.
> - 처음으로 일을 맡길 때는 가까운 사람과 작은 프로젝트부터 시작한다.

22 맡기기의 장점과 단점

'맡기기'의 장점만 강조한다면 공정하지 않다. 이번에는 '맡기기'의 공과 죄, 즉 장단점을 함께 살펴보자.

먼저 장점부터 정리하면 다음과 같다.

맡기기의 장점

- 팀원의 성장을 촉진할 수 있다.
- 주체성이 높아져 팀원이 스스로 생각하고 움직이게 된다.
- 팀원의 동기 부여가 올라간다.
- 개인의 성장이 쌓여 조직 전체의 역량을 강화할 수 있다.
- 맡긴 사람에게 시간이 생겨 매니지먼트 업무에 집중할 수 있다.

이 장점들은 지금까지 언급한 내용과 겹치지만, 특히 앞의 세 가지는 일을 맡은 사람에게 직접적인 이점이 있다는 것이 중요하다. '나만 편해지자'는 생각으로 일을 맡기는 것이 아니라, 상대의 성장과 자율성을 돕는 과정이라는 점을 잊지 말아야 한다.

또한 주체성ownership은 오늘날 원격 근무 환경에서 더욱 중요한 가치가 되었다. 이제는 예전처럼 팀원이 바로 옆에 있는 사무실 환경이 아니다. 눈앞에서 관리할 수 없는 상황에서도 팀원이 스스로 판단하고 적극적으로 일에 몰입하기 위해서는 주체성을 키우는 매니지먼트가 필수적이다.

마지막으로 '시간이 생긴다'는 점도 크다. 그 시간을 매니지먼트 업무에 더 투자해도 좋고, 조직을 위해 더 큰 도전을 시도해도 된다.

예를 들어 영업직이라면 현장 대응에 머물지 않고, 성공 사례를 정리해 전략 매뉴얼을 만드는 등 조직 전체를 성장시키는 새로운 시도를 할 수 있다. 물론, 일을 맡겨서 생긴 시간에 죄책감을 느끼는 리더도 있다.

하지만 그 시간을 자기 연구에 쓰거나, 가족과 보내거나, 혹은 잠시 쉬는 데 사용하는 것도 결코 나쁜 일이 아니다. 리더 자신이 회복되고 성장하는 것 또한 매니지먼트의 일부이기 때문이다.

일을 맡기는 사람, 즉 리더의 성장은 이후 9장에서 다시 자세히 다루겠다.

맡기기의 단점

이번에는 '맡기기'의 부정적인 측면을 살펴보자.

- 결과를 예측하기 어렵다.
- 실패할 가능성이 높아진다.
- 시간이 오래 걸린다.
- 품질이 떨어질 수 있다.
- 맡긴 사람을 무책임하게 여길 수 있다.
- 팀원이 과로로 건강을 해칠 수 있다.

단점을 보면 '공功'보다 '죄罪'가 많아 보이기도 한다. 하나씩 분석해 보자.

첫 번째부터 네 번째까지는 단기적인 관점의 문제다. 한 번의 안건에 한정하면 그럴 가능성이 있지만, 한 번 제대로 맡기고 상대가 성장하면 이러한 우려는 금세 사라진다. 실제로 '맡기기'를 시도해 보면, 생각보다 실패나 품질 저하가 거의 없다는 사실을 깨닫게 된다. 이는 앞서 언급한 '주체성'과 '동기 부여'가 향상된 결과다.

다섯 번째 항목은 본인의 관점에 달려 있다. 의뢰받은 사람이 만족감을 얻고 성장하여 조직 전체에 도움이 된다고 믿는다면, '무책임하다'는 인상은 줄어든다.

마지막으로 건강 문제는 결코 가볍게 볼 수 없다. 다만 이는 '잘못된 맡기기'의 결과일 뿐이다. 무리한 요구나 관리 부재가 문제이지, 업무량과 건강 상태를 주기적으로 확인하고 배려한다면 충분히 예방할 수 있다.

여기까지 살펴보면, '올바른 맡기기'와 '잘못된 맡기기' 사이에는 큰 차이가 있음을 이해할 수 있다. 그 차이를 다음 절에서 설명하겠다.

POINT

- '맡기기'에는 장단점이 공존한다.
- 구체적으로 살펴보면 장점이 단점을 상쇄한다.

23 올바른 맡기기와 잘못된 맡기기

앞 절에서 '잘못된 맡기기'의 위험성을 짚었다. 1부의 마지막으로, '올바른 맡기기'와 '잘못된 맡기기'의 차이를 다시 한번 정리한다.

먼저 '올바른 맡기기'는 상대에게 성취감을 부여하고 인재를 성장시키는 방식이다. 반대로 '잘못된 맡기기'는 배려 없이 자기 중심적으로 일을 떠넘겨 사람을 소진시키는 방식이다. 구체적 차이는 다음과 같다.

생각해 보면 두 범주는 표리 관계다. 결국 '잘못된 맡기기'의 반대 행동을 택하면 '올바른 맡기기'에 근접한다. 다만 모든 항목을 한 번에 완벽히 실천할 필요는 없다. 조직의 맥락, 포지션, 팀원의 상태에 따라 우선순위를 정하고, 이해한 지점부터 차근차근 적용해 보자.

맡기기는 회사 안에서만

이 책에서 말하는 '올바른 맡기기'는 회사 안의 비즈니스 상황을 전제로 한다는 점을 분명히 해두고 싶다. 회사 밖의

'올바른 맡기기'와 '잘못된 맡기기'

올바른 맡기기

- 상대의 입장에서 생각한다
- 의뢰의 목적과 의의를 명확히 전달한다
- 상대의 여력과 상황을 확인하고 배려한다
- 거절하거나 조정할 수 있는 여지를 둔다
- 역량에 맞는 적절한 도전을 설계한다
- 부담과 기대를 균형 있게 조정한다
- 감사와 인정으로 마무리한다

잘못된 맡기기

- 자기 편의만 우선한다
- 목적 설명 없이 작업만 지시한다
- 의욕과 바쁜 정도 등 컨디션을 묻지 않는다
- 명령 방식으로 강제한다
- '해주면 누구든 좋다'는 식으로 일을 배분한다
- 동기 부여 없이 결과만 요구한다
- 피드백과 감사가 없다

일, 즉 외부 아웃소싱과는 구분해야 한다.

아웃소싱 자체를 부정하는 것은 아니다. 다만 '회사 업무를 전부 외부에 맡기자'는 뜻으로 여겨서는 안 된다. 이 책에서 '믿고 맡기기'를 권하는 이유는 사람을 성장시키기 위한 과정이기 때문이다.

물론 '부탁하는 방법' 등은 회사 안팎을 불문하고 어디서든 유용하다. 그러나 외부 업체에 의뢰할 때는 특히 강제적이거나 일방적인 요청이 되지 않도록 주의해야 한다.

여기까지 '맡기기'의 개념과 방법을 살펴보았다. '맡기기'는 일을 맡을 수 있는 인재를 성장시키는 일과 세트로 이루어진다. 즉, '올바른 맡기기'는 '올바른 육성'과 결합될 때 비로소 최대의 효과를 낸다.

육성은 단순한 관리 기술이 아니라, 깊이 있고 도전적인 세계다. 이제 다음 2부에서 그 '육성'의 본질로 들어가 보자.

POINT

- '올바른 맡기기'는 '잘못된 맡기기'의 반대 행동에서 시작된다.
- 모든 항목을 완벽히 실천할 필요는 없다. 지금 자신의 상황에 맞는 것부터 실행하자.

2부

'믿고 맡김'으로 성장하는 인재를 만드는 법

6장
팀원을 성장시키는 리더십의 기술

일을 맡길 수 있는 사람을 길러내는 법

"재물을 남기면 하수, 업적을 남기면 중수, 사람을 남기면 고수."

메이지 시대 정치가 고토 신페이後藤新平의 말이다. 이 문장은 훗날 일본 프로야구계의 명감독 노무라 가쓰야野村克也가 좌우명으로 삼으면서 널리 알려졌다. 그만큼 '사람을 길러내는 일'은 가장 어렵고, 가장 가치 있는 일이라는 뜻이다.

1부에서는 '일을 믿고 맡기는 요령'을 다뤘다면, 2부에서는 '일을 믿고 맡을 수 있는 사람'을 만드는 법, 즉 '육성'의 본질과 실천을 이야기하려 한다.

'티칭'과 '코칭'을 구분해서 사용한다

기업에서 '인재 육성'이라고 하면 흔히 연수를 떠올린다. 물론 연수 자체를 부정하는 것은 아니다. 다만 '성장 효과'의 측면에서는 현장의 OJT(직장 내 훈련)보다 나은 것은 없다.

자전거 타는 법을 칠판에 적힌 설명으로 배우기보다, 직접 타면서 균형을 잡아야 빠르게 익히는 것과 같다.

앞서 "일을 맡겼으면 간섭하지 않는다"고 말했지만, 이것이 "일을 절대 알려주지 않는다"는 뜻은 아니다. 오히려 현장에서 완전히 일을 맡길 수 있을 만큼 확실히 준비시키는 것이 중요하다. 특히 신입사원처럼 아직 비즈니스의 기초나 기술을 습득하지 못한 사람에게는 '맡기기'보다 먼저 '알려주기', 즉 '티칭'이 필요하다.

최근에는 '코칭'이 주목받고 있다. 그러나 코칭이 티칭보다 뛰어나고, 티칭이 구식이라는 뜻은 아니다. 티칭과 코칭을 구분해 상황에 맞게 쓰는 것이 핵심이다. 예를 들어 긴급하게 대응해야 하는 상황에서 "자네는 어떻게 생각하는가?"라고 묻는 것은 비현실적이다. 그럴 때는 코칭이 아니라 즉각적인 티칭이 필요하다.

- **티칭**: 답을 직접 알려준다. 상대의 경험이 얕을 때, 긴급 상황일 때, 여러 사람을 동시에 가르칠 때 사용한다.

- **코칭**: 답을 스스로 이끌어내게 한다. 동기 부여를 높이고 주체성을 기르고 싶을 때, 1대 1로 가르칠 때 사용한다.

오른쪽의 그림처럼 처음은 '티칭'부터 시작하고 경험을 쌓아가면 '코칭'의 비중이 커지는 것이 이상적이다.

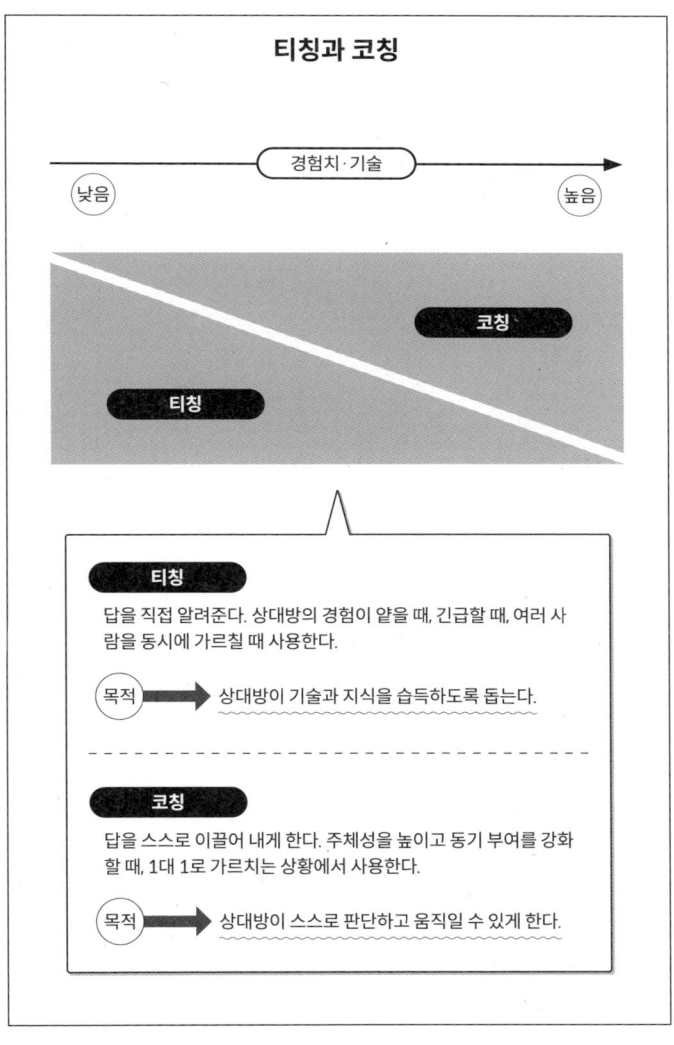

상대방의 수준에 따라 피드백 방법을 바꾼다

"재주는 훔치는 것이라고 하는데, 그건 거짓말이다. 훔치는 사람도 경력이 필요하다."

"알려주는 사람에게 논리가 없기 때문에 그런 말을 대충 하는 것이다."[2]

쇼와 시대의 대표적 만담가 다테카와 단시立川談志의 말이다. '내 등을 보고 배우라'는 식의 말은 이미 시대착오적이다.

'티칭'의 목적은 상대방이 기술을 정확히 습득하도록 돕는 것이다. 따라서 구체적으로 언어화하여 설명하고, 이해 여부를 직접 확인하며 나아가야 한다. 즉, 상대의 수준에 맞춰 가르치는 것이 핵심이다.

"알려줬는데도 못 한다"고 화낼 게 아니라, "할 수 있도록 알려주지 못했다"고 반성해야 한다. 이것이 진정한 리더의 자세다.

경험이 쌓인 팀원에게는 '코칭'이 효과적이다. 코칭은 주체성과 동기 부여를 높이며, 답을 '알려주는 것'이 아니라 '이끌어 내는 것'이다. 감각적으로는 제스처 게임에 가깝다.

경청과 질문을 반복하며 상대가 스스로 답을 찾아가게 하고, 그 답이 다소 빗나가더라도 즉시 부정하지 않는다.

예를 들어 팀원이 낸 안건이 '다른 부서의 동의를 얻기 어려워 보인다'고 느껴질 때, "그건 안 돼"라고 지적하기보다는 "상품개발부는 이 안건을 어떻게 볼까요?"라고 물어보자.

이런 '입장 바꾸기' 질문은 사고의 폭을 넓혀 보다 다각적인 답에 다가가게 한다.

현장에서 실제로 가장 많이 쓰이는 방식은 티칭과 코칭의 중간 형태인 '디렉션 Direction'이다. 디렉션은 답을 직접 주지도, 완전히 스스로 찾게 내버려 두지도 않는다. 방향만 제시하고, 구체적인 해답은 스스로 찾아가게 하는 방식이다.

예를 들어 이렇게 말할 수 있다.

"회사 내 협력 부서가 자연스럽게 참여하고 싶어질 만한 기획서를 써봅시다."

"이번 프로젝트의 주요 대상은 중장년층이니, ○○ 씨의 조부모님이 좋아할 만한 상품 콘셉트를 떠올려 보세요."

이처럼 큰 방향만 정하고, 구체적 아이디어는 팀원에게 위임한다면 '일을 맡을 수 있는 인재'를 길러내는 훌륭한 훈련이 된다.

POINT

- '올바른 맡기기'는 '올바른 육성'과 결합될 때 최대 효과를 발휘한다.
- '코칭'과 '티칭'을 상황에 맞게 잘 구분해 사용한다.
- 방향을 제시하는 '디렉션'을 적극 활용하라.

한계를 푸는 '어시스티드 스프린트'

　예전에 참치 양식장을 견학한 적이 있다. 아름다운 바다의 잔잔한 만 안에 거대한 그물이 설치되어 있었고, 수많은 참치가 원을 그리며 헤엄치고 있었다. 담당자에게 "태풍으로 그물이 찢어지면 참치가 도망치지 않나요?"라고 물었다. 그러자 그는 이렇게 답했다.

　"어릴 때부터 그물 안에서 자랐기 때문에 밖으로 나갈 수 있다고 생각하지 않습니다."

　그 말을 듣고 깊은 인상을 받았다. 참치는 사실 바다로 나아갈 힘이 충분하지만, '그물 안이 세상의 전부'라는 인식에 갇혀 있었다. 비즈니스 현장에서도 이와 비슷한 모습을 자주 본다.

　"저는 아직 팀 리더는 어렵습니다."

　"사람을 잘 모르는 편이라 거래처 협상은 영업팀이 맡는 게 낫겠습니다."

　"가르칠 게 없어서 후배 교육은 자신이 없습니다."

　이런 말들은 능력 부족이 아니라 마음의 리미터 limiter 때문이다. 그물 안의 참치처럼, 스스로 한계를 정하고 그 안에서만 움직이는 것이다.

리더의 역할은 이 리미터를 풀어주는 것이다. 능력을 '올리는 것'보다 먼저 마음을 '열어주는 것'이 중요하다. "너라면 할 수 있다"고 말로만 격려하는 것이 아니라, '도전할 수 있는 환경'을 만들어주고, '실패해도 괜찮다'는 신뢰를 보여주는 것이 핵심이다.

성장을 가로막는 억측을 그만둔다

일본인 선수가 100미터 달리기에서 10초의 벽을 넘지 못한다는 '10초의 벽' 신화가 오랫동안 존재했다. 1998년에 10초 00 기록이 나왔고, 그로부터 19년이 지나서야 일본인 최초의 9초대 기록이 등장했다. 그러자 곧이어 여러 선수가 잇따라 9초대에 진입했다.

이는 '일본인에게는 불가능하다'는 고정관념이 깨지며, 마음의 리미터가 해제되었기 때문이라고 한다. 즉, '못 한다'고 믿었던 암시가 풀린 결과였다.

육상에서 실제로 '어시스티드 스프린트 Assisted Sprint'가 있다. 달리는 사람을 오토바이나 자전거로 물리적으로 끌어당겨, 본래 능력 이상의 속도로 달리게 함으로써 한계치를 넘어선 감각을 몸과 뇌에 각인시키는 훈련법이다.

비록 자신의 힘으로 낸 속도는 아니지만, 그 속도에 익숙해지면 스스로 설정한 한계를 풀 수 있게 된다.

비즈니스에서도 마찬가지다. '할 수 있는데 못 한다고 믿는' 팀원에게는 이 리미터를 해제하는 '어시스티드 스프린트'가 필요하다. 이 방식을 업무에 적용하면, 선배가 오토바이 역할을 하여 후배를 끌어주는 구조가 된다.

처음에는 선배가 주자를 끌어당겨 후배가 자신의 능력 이상으로 성과를 내게 돕는다. 이때 후배는 '내가 해냈다'는 성공 체험을 가까이서 직접 목격하게 되고, 그 경험이 '나도 할 수 있다'는 마음의 변화를 일으킨다. 앞서 말한 참치가 그물 밖의 바다로 나아갈 수 있음을 깨닫는 것과 같다.

① 성공 체험을 눈으로 본 후에는 리더가 지원을 일찍 멈추는 것이 중요하다. 아이에게 자전거를 가르칠 때, "아직 손 떼지 마세요!"라고 말하는 순간 손을 떼도 아이 스스로 계속 달릴 때가 있다. 그것이 이상적이다. 즉, 도움을 신속하게 거두고 자립을 맡기는 것이 핵심이다.

리더가 "아직은 부족하다"고 판단해 계속 간섭하면, 성장은 오히려 더뎌진다. ② 스스로 성공 체험을 만들어내는 경험이 무엇보다 큰 자신감으로 이어진다. 이렇게 자기 힘으로 성과를 내고 비즈니스 기술을 어느 정도 익힌 단계에 이르면, 마지막 단계로 넘어간다.

그것은 ③ 성공 체험을 '전수하는 것'이다. 팀원이 선배가 되어 후배에게 자신의 경험을 전하며 기술을 완전히 자기 것으로 만든다. '가르침' 과정에서 자연스럽게 경험을 구조화하고 언어화하게 되기 때문이다. 이렇게 축적된 지식은 다시 다음 세대인 후배들의 리미터를 풀어주는 힘이 된다. 이 선순환의 육성 루프가 바로 조직이 성장하고 강해지는 원동력이다.

한계를 풀려면 체험의 순서가 중요하다

'① 성공 체험을 본다 → ② 성공 체험을 만든다 → ③ 성

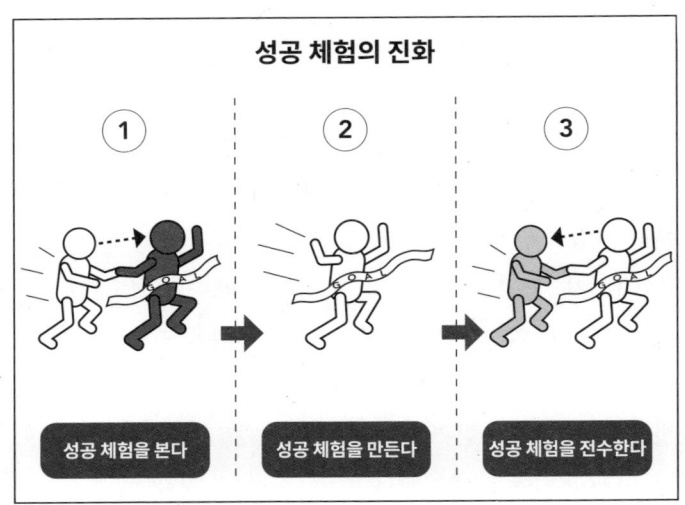

공 체험을 전수한다'

이 흐름을 통해 자신감이 부족하고 좁은 세계에 머무는 팀원에게 넓은 바다를 보여주자. 그물 안의 참치도 한 마리가 큰 바다로 뛰쳐나가면 다른 참치들이 뒤따른다. 여러분의 부서에서도 '퍼스트 펭귄'이 아닌 '퍼스트 참치'를 길러 조직 전체가 성장하는 계기를 만들어 보길 바란다.

여기까지는 스스로 한계치를 설정한 팀원에 대한 대처법을 살펴보았다. 하지만 때로는 리더가 팀원의 가능성에 뚜껑을 덮는 경우도 있다.

"○○ 씨는 끈기가 없으니까 복잡한 안건은 어렵겠어."

"○○ 씨는 책임감이 부족하니 큰일은 맡기기 힘들겠어."

이처럼 선입견으로 팀원의 성장 기회를 제한하고 있지 않은가? 나 또한 함께 일하던 후배가 다른 부서로 옮겨 탁월한 성과를 내는 모습을 보고, 그의 능력을 너무 일찍 단정 지었음을 반성한 적이 있다. 성장을 가로막는 부정적인 딱지는 지금 당장 찢어 버리자.

> **POINT**
> - 스스로 '못 한다'고 믿는 팀원에게는 사고의 전환이 필요하다.
> - 성공 체험이 한계를 푸는 열쇠다.
> - '성공 체험을 본다 → 성공 체험을 만든다 → 성공 체험을 전수한다'의 흐름으로 팀원의 성장을 촉진하라.

26 실패는 돈 주고 사서라도 시켜라

비즈니스에서 성공한 사람은 어떤 사람일까? 내가 생각하는 답은 명확하다.

'기회가 왔을 때 전속력으로 달려나간 사람.'

매니지먼트를 하다 보면, 이런 행동을 할 수 있는 사람과 그렇지 못한 사람의 차이가 뚜렷하게 드러난다. 이를 달성하려면 두 가지 능력이 필요하다.

바로 '기회를 포착할 수 있는가'와 '기회가 왔을 때 전력을 다할 수 있는가'이다. 전자는 본인이 자각하지 못하더라도 좋은 리더를 만나면 금방 배울 수 있다.

"지금이 바로 힘을 낼 때야!"라고 조언해 주는 상사가 있다면 좋은 결과를 낼 확률이 높다. 하지만 후자는 지원만으로는 한계가 있다. 결국 본인이 직접 부딪혀야만 얻을 수 있는 능력이다.

안타깝게도, 기회임을 알면서도 전력을 다하지 못하는 사람이 많다. 이 '기회에 전력을 낼 수 있는 사람'과 '그렇지 못한 사람'의 차이는 단 하나, '전력으로 달려가다 전력으로 넘어진 경험이 있느냐 없느냐'에 달려 있다.

즉, 실패를 경험해 본 사람과 그렇지 않은 사람의 차이, 그리고 한계까지 도전해 본 경험이 있느냐 없느냐의 차이다.

실패해도 문제없는 환경을 만든다

5장에서 소개한 리크루트 홀딩스의 이데코바 히사유키 씨의 말을 떠올려 보자.

"내가 자주 하는 말 중 하나인데, '매니지먼트 업무란 무엇인가?'라고 묻는다면 이렇게 답한다. '이런 일을 하면 실패한다', '실패하지 않게 하는 매니지먼트는 매니지먼트가 아니다.' 실패하게 하는 매니지먼트가 가장 좋은 매니지먼트다."

앞질러 실패할 기회를 주지 않으면, '넘어진 적도 없고, 전속력으로 달려본 적도 없는 사람'을 만들어낸다. 이런 사람은 기회가 와도 홈런을 칠 수 없다. 따라서 '실패해도 괜찮다'고 느낄 수 있는 환경을 만드는 것이야말로 리더의 가장 큰 책무다.

개인적인 예를 들어 보겠다. 나는 겨울마다 스노보드를 타는데, 운동 신경이 뛰어난 편이 아니라 실력 향상도 더뎠다. 그런데 급성장한 시기가 있었다. 친구의 본가를 방문한 김에 들른 나가노현의 한적한 스키장에서였다. 사람이 거의 없어 부딪힐 걱정이 없었고, 부드럽고 건조한 눈 덕분에 넘어져도 아프지 않았다. 그래서 마음껏 속도를 내며 몇 번이고 넘어졌다.

그 결과 속도감에 익숙해지고, 이후 다른 스키장에서도 훨씬 안정된 활강을 할 수 있게 되었다. 이 스키장처럼, '넘어져도 괜찮은 환경'을 마련해야 전력을 다할 수 있다. 비즈니스에서도 마찬가지다. 리더는 폭신한 눈처럼 실패를 받아주는 '쿠션 역할'을 해야 한다.

체조 코치가 점프하는 선수를 지켜보다가 위험할 때 팔을 뻗어 막는 것처럼, 리더가 뒤에서 지켜주기 때문에 구성원은 안심하고 도전할 수 있다. 이 '안심감'의 중요성은 구글이 실시한 심리적 안전성 Psychological Safety 실험으로도 증명되었다. '혼나지 않을까', '책임을 지게 되지 않을까' 하는 불안이 없는 팀일수록 생산성이 높아진다는 결과가 나왔다.

실패를 많이 경험하게 한다

반대로 실패의 경험이 트라우마가 되면 역효과다. '실패한 일을 책망한다', '못하는 일을 억지로 시킨다'와 같은 태도는 절대 피해야 한다.

5장에서 언급했듯이, 돌이킬 수 없는 큰 사고나 손실로 이어질 가능성이 있는 안건으로 실패하게 해서는 안 된다. 상황과 환경, 조건, 타이밍을 잘 가늠해 '실패해도 괜찮은 과제'를 맡기는 것이 중요하다.

"실패라고 쓰고, 성장이라고 읽는다."
이는 노무라 가쓰야 씨가 한 말이다.
실패의 경험이 있기에 사람은 실패를 두려워하지 않고, 과감하게 전력을 다해 도전할 수 있다. 그 경험을 통해 기회가 왔을 때 망설이지 않고 달려나갈 수 있는 인재로 성장한다. 리더의 역할은 단순히 실패를 허용하는 데 그치지 않는다. 실패를 통해 배우게 하고, 실패를 성장의 재료로 바꾸게 하는 것이다. 그래야 실패가 진정한 의미의 경험이 된다.

POINT

- 기회가 왔을 때 전력을 다할 수 있는 인재로 키우려면, 전력으로 실패하는 경험이 필요하다.
- 이를 위해 리더는 안심하고 실패할 수 있는 환경을 만드는 것이 중요하다.

27. 인재 육성의 '신 4P 이론'

매니지먼트를 하면서 가장 큰 보람을 느낄 때는 팀원이 급성장하는 순간이다. 특히 지금까지 제자리걸음을 하던 팀원이 어떤 계기로 자신감을 얻어 두세 단계 위로 '점프'하는 모습을 볼 때면 깊은 감동을 느낀다.

개그 프로그램에서 한동안 반응이 없던 개그맨이 어느 날 갑자기 폭소를 터뜨리는 순간을 '터졌다'고 표현한다. 비즈니스 세계에서도 이 '터지는 순간'을 여러 번 목격했다. 그런 사람들에게는 공통된 패턴이 있었다.

나는 그 공통점을 '신 4P 이론'이라 부른다. 기존 마케팅의 4P(상품Product, 가격Price, 장소Place, 판촉Promotion)에 빗대어, 인재 육성의 4P는 다음 네 가지로 정리된다.

인재 육성의 신 4P는 Person, Place, Prepare, Pressure다. 비즈니스 현장에서의 성장은 올바른 사람Person이, 옳은 장소Place에서, 충분히 준비Prepare된 상태로, 적정한 부담감Pressure 아래 놓일 때 일어난다.

사람

2장에서 언급했듯이, '누구에게 맡길 것인가'를 잘못 선택하면 근본적인 불행으로 이어질 수 있다. 먼저 올바른 사람을 선별하고 그 사람에게 맞는 일을 맡겨야 한다.

장소

다음은 '어떤 무대'를 마련할 것인가이다. 경험이 부족하거나 자신감이 없는 팀원이라면 규모가 작고 아담한 프로젝트로 시작해 스스로 성취감을 느낄 수 있는 적재적소의 무대를 제공해야 한다.

준비

세 번째는 준비 상태다. 이는 단순히 기술적인 부분뿐 아니라 정신적인 준비도 포함한다. 스포츠에서 워밍업 없이 경기에 나서는 선수가 제대로 뛰지 못하는 것처럼, 준비가 부족하면 '맡기기'는 실패로 끝난다.

"기회는 준비된 자에게 온다." 세균학자 루이 파스퇴르 Louis Pasteur가 한 말인데, 급성장을 촉진하려면 준비된 상태로 만들어 놓은 뒤에 일을 맡겨야 한다.

부담감

마지막으로, 적절한 압박감이다. 부담이 너무 작으면 성장하지 못하고, 너무 크면 오히려 위축된다. 따라서 적절한 시기와 도전 수준을 조율하는 것이 매니지먼트에서 가장 중요한 요소다.

적당한 정도를 확인한다

'여키스-도슨 Yerkes-Dodson 법칙'을 알고 있는가? 이 법칙은 너무 낮지도, 너무 높지도 않은 적절한 수준의 긴장감(스트레스)이 최고의 퍼포먼스를 이끌어낸다는 심리학 이론이다. 즉 압박이 전혀 없으면 집중력이 떨어지고, 압박이 지나치면 불안으로 인해 능력을 제대로 발휘하지 못한다.

"이 프로젝트가 실패하면 해고야!"와 같은 방식의 압박은 명백히 잘못된 매니지먼트다. 이는 괴롭힘의 문제가 아니라, 성과를 낼 수 없는 구조의 문제다.

반대로, 부담이 너무 적은 경우도 문제다. 끊임없이 팀워크 구축과 최적화를 모색해 인력 배치를 실천하는 과정에서 종종 보게 되는 것이 과잉 능력 인선이다. 단계 7 수준의 일을 전력 10의 사람에게 맡기면 부탁하는 사람은 안심이지만, 그 사람에게는 도전 요소가 사라진다. 그 결과, 성장의 여지도 줄어든다.

성장은 '조금 발돋움하면 닿을 듯한 거리'에서 일어난다. 축구로 비유하자면, 국제 순위를 높이기 위해서는 자신보다 좀 더 강한 팀과 겨뤄야 한다. 항상 이길 수 있는 약한 팀과만 경기한다면 발전은 없다.

적절한 부담감, 적절한 기대, 적절한 도전, 이 '적절하다'는 절묘한 균형을 찾는 것이 어렵다. 파스타로 말하자면 너무 물러지지도, 너무 딱딱하지도 않은 알덴테 상태, 귀이개로 말하자면 너무 겉도 아니고, 너무 속까지 들어가 아프지 않게 하는 미묘한 경계선과 같다.

이 '적절한 상태'를 잡는 요령은 기준을 아는 것이다. 예를 들어 '이 두께의 파스타는 7분이 알맞다'는 기준을 알면, 조금 더 단단하게 하려면 6분 30초로 삶으면 된다는 감이 생긴다.

그와 마찬가지로, 팀원의 능력과 부담 허용 범위를 사전에 파악해 두어야 한다. 팀원의 깊이 이해하고 관찰할수록, 그 사람에게 딱 맞는 '적당한 부담감'의 수준을 정할 수 있을 것이다.

미세 조정을 반복해서 적절하게 만든다

모든 팀원의 기준을 완벽히 파악해 항상 정확하게 업무를 배정할 수 있는 리더는 없다. 따라서 의뢰한 후에도 지속적으로 조정하는 과정이 중요하다.

부담이 지나치게 크다고 느껴진다면 "실패해도 괜찮아", "힘들면 언제든 도와줄게" 이 한마디로 마음을 진정시켜 주자. 반대로 여유가 많아 긴장감이 느껴지지 않을 때는 그 업무의 의미와 중요성을 다시 한번 강조해 적절한 부담감과 동기 부여를 더하자. 결국 일을 맡길 때마다 스스로에게 물어야 한다. "이 일을 통해 상대가 한 단계 성장할 수 있는 조건이 갖춰졌는가?" 즉, '신 4P 이론'이 제대로 작동하고 있는지 점검해야 한다.

신 4P 이론

- Person: 올바른 인재를 선택했는가?
- Place: 역량을 발휘할 수 있는 적절한 무대를 제공했는가?
- Prepare: 충분히 준비된 상태인가?
- Pressure : 부담감은 적절한 수준인가?

POINT

- 급성장을 위해서는 4P가 모두 필요하다.
- 특히 부담감의 정도를 세심하게 살피고 조정해야 한다.

28

인재 육성 NG ①
지도와 무용담을 착각하는 아저씨

이제부터는 잘못된 인재 육성 방식에 대해 이야기해 보겠다.

"나이가 들면 설교, 옛날이야기, 자기 자랑은 하지 말아야 한다."

이 말은 연예인 다카다 준지 씨의 유명한 말인데, 비즈니스 현장에도 그대로 적용된다. 리더의 자리에 있으면 팀원이 기본적으로 이야기를 들어주기 때문에, 자신도 모르게 이 세 가지를 반복하게 된다.

특히 '자기 자랑'은 말할수록 기분이 좋아져서 멈추기 어렵지만, 듣는 입장에서는 성가시고 피곤할 뿐이다.

이 절의 제목인 '지도와 무용담을 착각하는 아저씨'는 사실 내 이야기다. 부끄럽지만, 과거에 팀원이 어려움에 처했을 때 "나는 이렇게 했어", "그땐 이렇게 해서 성공했지"라며 옛 무용담을 자랑스럽게 이야기한 적이 있다. 그때는 진심으로 도움을 주려는 마음이었지만, 시대도 달라지고 상황도 달라져 결국 아무런 도움이 되지 않는 단순한 민폐였다는 걸 나중에 깨달았다.

옛날이야기를 꼭 하고 싶다면 성공담보다 실패담이 훨씬 도움이 된다. 그리고 성공 사례를 공유하고 싶다면, 자신의 오래된 경험이 아니라 조직 내의 최신 사례를 나누는 것이 훨씬 효과적이다.

매니지먼트하는 사람이 삼가야 할 행동

리더는 팀 전체를 조망하며 다양한 프로젝트의 진행 상황을 볼 수 있다. 그만큼 유사한 안건이나 참고할 만한 사례에 대한 정보도 풍부하다. 그렇다면 굳이 자신의 옛 무용담을 꺼내지 말고,

"A 씨의 프로젝트가 비슷한 방식으로 진행됐으니 한번 이야기 들어보자"처럼 조직 내의 실제 사례를 활용하자. 이것이 구성원에게 훨씬 현실적이고 도움이 된다.

다음으로 소개할 잘못된 인재 육성 방식은 '답을 바로 알려주는 것'이다. "생선을 잡아주지 말고, 낚는 법을 가르쳐라"라는 격언이 있다. 여기서 '생선'은 '답'이다. 답을 직접 알려 주면 그 순간에는 도움이 되지만, 그다음부터는 계속 답을 요구하는 의존적 구조가 만들어진다.

반면, 스스로 답을 찾아내는 방법을 알려주면 그 경험은 이후의 모든 문제 해결에 도움이 된다. 물론 24절에서 말했

듯이, '티칭'이 반드시 필요한 상황도 있다. 하지만 안이하게 답을 제공하는 리더가 많다는 점이 문제다.

답을 알려주는 것이 손쉬워 보이더라도, 진정한 육성은 답을 주는 것이 아니라 '답을 이끌어내게 하는 것'임을 기억하자.

맥도날드 이론으로 성장시킨다

그렇다면 답을 직접 알려주지 않고 어떻게 상대방에게서 스스로 답을 이끌어내게 할 수 있을까? 그 방법 중 하나가 바로 '맥도날드 이론'이다. 이 이론은 이런 상황에서 유래했다.

여러 명이 함께 식사하러 갈 때 아무도 가게를 정하지 못하면 "그럼 맥도날드 갈까?"라고 말하는 순간 "아니, 그건 좀…" 하며 갑자기 다른 후보가 쏟아진다.

즉, 사람은 자신이 더 좋은 답을 갖고 있다고 느끼면 제안하고 싶어진다. 이 점을 이용하는 것이다. 이 접근은 '알려주세요'보다 '잘못된 제안을 던져 반응을 유도한다'는 점에서 '커닝햄의 법칙 Cunningham's Law'과도 통한다.

즉, 인터넷에서 잘못된 정보를 올리면 정확한 정보를 가진 사람이 나타나 바로잡는다는 원리다. 회의에서도 같은 원리가 적용된다. 리더가 처음부터 정답에 가까운 결론을 제시하면 팀원들은 그 답을 그대로 따를 뿐, 의견을 내놓지 않는다. 따라서 일부러 완벽하지 않은 제안을 던져 의견을 이끌어내는 것이 효과적이다.

팀원이 "그건 아닌 것 같습니다. 이런 방법은 어떨까요?"라고 말하는 순간, 이미 참여 의식이 생기고 동기 부여가 높아진다. 물론 너무 미묘하거나 불확실한 제안을 해서 신뢰를 잃지 않을까 걱정할 수도 있다. 하지만 리더에게 중요한 것은 답을 내는 능력이 아니라, 나온 의견을 정리하고 방향을 제시하는 판단력과 통솔력이다. 그 역할에 집중하자.

POINT

- 도움을 준다는 생각으로 자기 무용담을 말하지 않는다.
- 답을 직접 알려주지 말고, 해결 방법을 이끌어주어야 한다.

29
인재 육성 NG ②
우수한 사람일수록 빠지기 쉬운 '자기 복제 만들기'

어느 업계에나 '압도적으로 일을 잘하는 사람'이 있다. 과거에 그런 상사의 밑에서 일한 경험이 있다. 그 상사는 머리가 비상하고, 행동력과 실행력도 뛰어나 회사 안팎에서 존경을 받았다. 나는 그런 스타 플레이어가 이끄는 부서에 배속되었다. 그 리더를 A 씨라고 하자.

부서의 멤버들은 나를 포함해 모두 A 씨의 말을 기다리고, 그의 지시를 따랐다. A 씨는 매우 엄격한 성격이라, 우리는 혼나지 않으려 애썼고 'A 씨라면 어떻게 할까'만을 끊임없이 생각했다.

그 후, A 씨의 후임으로 새로운 리더가 부임했다. 이번에는 완전히 다른 유형이었다. 겉보기에는 수수하지만 친절하고 인덕이 깊은 사람이었다. 그를 B 씨라고 하겠다.

당시 회사 안팎에서는 "그 카리스마 리더의 뒤를 B 씨가 잇는다면 팀이 무너지지 않을까?" 하는 우려가 컸다. 그러나 결과는 그 반대였다.

B 씨 체제 아래에서 팀의 실적은 오히려 꾸준히 상승했

다. 숫자로만 보면 A 씨의 영향이 몇 년 후에 나타났다고도 볼 수 있겠지만, 팀의 분위기와 마음가짐은 분명히 달라졌다. 멤버들이 각자 생기를 되찾고, 스스로 판단해 행동하기 시작한 것이다.

'A 씨라면 어떻게 할까'에서 '나는 무엇을 하고 싶은가', '나는 어떻게 생각하는가'로 사고의 중심이 바뀌었다. 이전에는 A 씨의 지시대로만 움직였지만, 이제는 주체적으로 판단하고 능동적으로 행동하며 성과를 내기 시작했다.

돌이켜보면 나 또한 A 씨 시절에는 "지시만 따르면 결과는 내 책임이 아니다"라는 안이한 태도가 생겼던 것 같다.

자신의 복제 인간을 만들려고 하지 않는다

리더 중에는 이런 생각을 해본 적이 있을 것이다.

"내가 두세 명 더 있으면 얼마나 좋을까."

"나와 똑같이 일할 수 있는 팀원이 있었으면 좋겠다."

뛰어난 사람일수록 이런 생각에 빠지기 쉽다. 하지만 자신의 복제 인간을 만들겠다는 발상은 성장을 막는 위험한 사고다.

비즈니스뿐만 아니라 스포츠나 예술에서도, 누군가를 그대로 복제하려 한 사람이 그 원본을 뛰어넘은 사례는 거의 없다. 결국 열화된 모방판, 하위 호환으로 끝나 버린다.

또한 이는 4장에서 언급한 '다양성'의 관점에서도 바람직하지 않다. 획일적인 인격과 사고방식으로 구성된 조직은 다양한 가치관과 융합이 필요한 시대에 역행한다.

물론 선배를 흉내 내며 배우는 시기는 누구에게나 있다. 트레이너와 훈련생의 관계처럼, 젊을 때는 본보기를 모방하며 성장하는 과정이 필요하다. '루비치라면 어떻게 할까?What would Lubitsch do?' 이 말은 엔터테인먼트 업계에서 유명한 사고법이다. 거장 빌리 와일더Billy Wilder 감독이 각본 작업에 막히면 스승 에른스트 루비치Ernst Lubitsch라면 어떻게 할지를 떠올렸다는 일화에서 비롯됐다.

이처럼 존경하는 스승에게서 자율적으로 배우는 태도는 긍정적이다. 하지만 그것을 리더가 강요하는 순간, 조직의 자율성과 다양성은 사라진다.

점이 아니라 면으로 개성을 늘린다

아무리 성공한 리더라도 자신과 똑같은 복제 인재를 키우려 하면 자주성은 자라지 않고 다양성은 사라진다. 각각의 구성원이 자유롭게 행동하고 개성을 확장할 수 있도록 지원하는 것이 진짜 매니지먼트다.

그럼에도 "아무리 해도 내 방식을 강요하게 된다"는 고민이 있다면, 여러 명의 인재 육성 담당을 함께 두는 방식을 시도해 보자.

즉, '점이 아닌 면으로 인재를 육성한다'는 발상이다. 예를 들어 신입사원을 한 사람의 상사만이 아니라, '한 살 위의 선배', '트레이너 역할의 선배', '직속 상사'가 함께 지도하면 누구 한 사람의 복제품으로 굳어지지 않고, 서로 다른 시각과 스타일을 흡수해 다양성을 유지할 수 있다.

POINT

- 자신의 복제품을 만들려 해서는 안 된다.
- 여러 명의 인재 육성 담당을 세워, 점이 아닌 면으로 성장시킨다.

30. 최종 목표는 리더가 불필요해지는 것

20대 무렵, 나에게는 스승 같은 선배가 있었다. 그 선배는 내 기획서나 아이디어를 꼼꼼히 봐주며 "이 부분은 이렇게 고치는 게 좋겠다"라며 자주 조언해 주었다.

처음엔 지적받는 일이 많았지만, 차츰 그 말의 의미를 이해하게 되어 미리 수정한 후 들고 가면 선배는 "잘했네" 한마디만 했다.

몇 년 후, 이번에는 내가 후배를 지도하는 입장이 되었다. 후배가 "이것 좀 봐주세요"라며 찾아왔고, 처음에는 수정 포인트가 많아 여러 조언을 해주었다. 그런데 시간이 지날수록 후배의 결과물은 점점 완성도가 높아졌고, 마지막엔 나 역시 "응, 괜찮네" 한마디로 끝냈다.

그때 후배가 잠시 아쉬워하는 표정을 보며 예전의 내 모습을 떠올렸다. 그리고 그 순간 깨달았다. "인재 육성의 최종 목표는 자신이 불필요해지는 것이다."

지도자가 없어도 스스로 판단하고, 스스로 궤도를 수정할 수 있는 상태가 바로 성장이다. 자신이 불필요해진다는 사실은 어쩌면 조금 서운할 수도 있다. 그러나 그때가 바로 새로운 인재를 길러낼 준비가 되었다는 증거다.

리더의 성공이란?

리더의 성공이란 자신이 가진 지식과 기술을 아낌없이 나누고, 스스로를 뛰어넘는 존재를 길러내는 것이다. 그렇게 성장한 사람이 또 다른 사람을 키워내면, 조직은 강해진다.

이 과정이 완성되면 리더는 겉보기엔 아무 일도 하지 않는 듯하지만 팀은 스스로 움직이며 성과를 낸다. 무엇보다도 리더 자신이 편해진다.

완전히 맡긴 일이 큰 성과로 이어지고, 팀원은 만족감과 성취감 속에서 성장한다. 결국 모두가 행복해지는 결과다.

'육성'은 '맡기기'와 함께 반드시 짚고 넘어가야 할 매우 중요한 주제다. 이 장에서는 총 7절에 걸쳐 다음과 같이 다루었다.

- 티칭과 코칭을 구분해 사용한다.
- 자신감이 없는 팀원의 한계를 푼다.
- 실패를 두려워하지 않는 환경을 만든다.
- 충분한 준비와 적절한 기대를 준다.
- 자신의 성공담보다 실패담을 이야기한다.

- 답을 주지 말고, 찾는 방법을 가르친다.
- 자신의 복제품을 만들지 말고, 각자의 개성을 살린다.

'육성하기'와 '맡기기'가 하나로 이어질 때, 가장 큰 시너지가 발휘된다. 이 장의 마지막으로 20세기 최고의 경영자 잭 웰치의 말을 인용하며 마무리하겠다.

"리더가 되면, 성공은 '남을 성장시키는 것'이 된다."

POINT

- 인재 육성의 최종 목표는 팀원이 성장하여 리더가 불필요해지는 것이다.

맡기는 기술은
칭찬하는 기술

7장

31 칭찬하는 기술

'칭찬할 줄 알아야 일을 맡길 수 있다'고 해도 과언이 아닙니다. 칭찬의 중요성은 이미 수많은 비즈니스서와 커뮤니케이션 서적을 통해 충분히 알려져 있다. 그러나 무작정 칭찬한다고 해서 효과가 생기는 것은 아니다. 칭찬에도 노하우와 기술, 그리고 주의해야 할 포인트가 있다.

이 장에서는 언제, 어떻게, 무엇을 칭찬해야 하는지, 즉 '칭찬하는 기술'의 요령을 구체적으로 살펴보고자 한다. 또한 그 반대편에 있는 '조언의 방법'과 마음가짐에 대해서도 함께 다루겠다.

칭찬을 잘하지 못하는 원인

"스승이라는 존재는 제자에게 해줄 수 있는 게 칭찬 정도밖에 없다고 생각할 때가 있다."[3]

이는 6장에서 인용한 만담가 다테카와 단시 씨의 말이다. 이 말은 리더와 팀원의 관계에도 그대로 적용된다.

팀원에게 해줄 수 있는 가장 친근하고 직접적인 행위, 그

것이 바로 '칭찬'이다. 그렇다면 여러분은 칭찬을 잘하는 리더인가? 비즈니스 현장은 물론, 일상생활에서도 "나는 칭찬을 잘한다"고 자신 있게 말할 수 있는 사람은 의외로 드물다. 이는 문화적인 요인도 크다. 일본인(그리고 한국인 역시)은 칭찬하는 문화에 익숙하지 않아, 칭찬하는 쪽도, 칭찬받는 쪽도 어색하고 부끄러워하는 경향이 있다.

칭찬을 잘하지 못하는 이유는 여러 가지가 있다. 특히 비즈니스 현장에서는 자신의 과거 능력과 비교하는 리더가 많다. 능력이 뛰어나고 실적이 좋아 리더가 된 사람일수록 "나는 저 나이에 더 잘했는데 왜 못하지?"라고 생각하기 쉽다.

또 다른 유형은 무엇을 칭찬해야 할지 모르겠다는 사람이다. 칭찬의 포인트를 잡지 못해, 결국 아무 말도 하지 못하는 경우다. 이 두 가지 경우에 모두 효과적인 방법이 있다. 그것이 바로 '리프레이밍Reframing', 즉 관점을 바꾸는 기술이다.

관점을 바꾼다

내가 리더가 된 지 얼마 되지 않았을 때의 일이다. 팀원 A 씨는 일의 효율이 좋지 않아 여러 번 지도해도 좀처럼 성과가 나지 않았다. 그래서 나는 솔직히 칭찬할 부분이 없다고 생각했다. 그러던 어느 날, A 씨의 전 상사와 대화할 기회가 있었다. 그런데 놀랍게도 그는 A 씨를 두고 "정말 훌륭한 인재야"라며 끊임없이 칭찬하는 것이었다. 그 순간 깨달았다. 문제는 A 씨가 아니라 그의 장점을 알아보지 못한 나 자신에게 있었다. 전 상사가 언급한 부분을 곰곰이 생각해 보니 "확실히 그렇게 볼 수도 있겠구나"라는 생각이 들었다. 이처럼 같은 현상이라도 관점을 바꾸면 전혀 다르게 보인다.

관점 바꾸기

- 대략적이다 → 대범하다
- 완고하다 → 일관성이 있다, 자신의 의견이 있다
- 귀찮아한다 → 효율적이다
- 쉽게 질린다 → 호기심이 왕성하다
- 일이 느리다 → 일에 주의를 기울이고 신중하다
- 실패했다 → 성공에 다가갔다

칭찬할 수 없다고 생각한 특징도 관점과 전제를 바꾸면 장점으로 파악해서 성장으로 연결할 수 있다. '칭찬하는 기술'은 좋은 점을 찾아내는 작업이다. 칭찬할 부분이 없다면 자신의 문제가 아닌지 한번 생각해 보자.

칭찬이 어렵다는 사람은 칭찬이 익숙하지 않을 뿐인 경우가 허다하다. 먼저 관점을 바꿔서 칭찬할 부분을 찾아보자.

관점 바꾸기는 비즈니스 기회로도 이어진다

참고로 관점 바꾸기는 단순히 칭찬하기 위한 기술에 그치지 않는다. 관점과 전제를 바꿔 긍정적으로 변환하는 사고법은 비즈니스 전반에서 활용할 수 있는 매우 강력한 도구다.

'두 명의 신발 장수'라는 유명한 우화가 있다. 개발도상국에 두 신발 장수가 신발을 팔러 갔다. 한 사람은 "모두 맨발이라서 이곳에서는 팔 수 없다"고 말했고, 다른 한 사람은 "모두 아직 신발이 없으니, 이보다 더 큰 기회는 없다"고 말했다. 같은 상황이지만 어떤 시각으로 보느냐에 따라 결과가 완전히 달라진다.

이처럼 관점을 바꾸는 것은 위기를 기회로 바꾸는 사고의 기술이다. 습관적으로 관점을 바꾸는 연습을 하면, 어떤 일에도 다각도로 접근할 수 있는 힘이 길러진다.

이 절의 마지막으로 한 가지를 분명히 해두고 싶다. '칭찬하기'는 목적이 아니라 수단이다. 진정한 목적은 상대방의 성장을 돕고, 동기 부여를 높이는 것이다. 관점 바꾸기를 통해 자연스럽게 칭찬할 수 있게 되면, 그다음 단계에서는 사람의 본질적인 성장을 이끄는 칭찬으로 발전시켜야 한다. 이 부분은 다음 절에서 자세히 다루겠다.

> **POINT**
> - '칭찬하는 기술'은 상대의 좋은 점을 찾아내는 일이다.
> - 칭찬할 부분이 보이지 않는다면, 자신의 시선에 문제가 없는지 돌아본다.
> - 관점 바꾸기를 통해 팀원의 가능성을 발견하는 습관을 들이자.

32 무엇을 칭찬하고, 무엇은 칭찬하지 않을 것인가

칭찬하기에 익숙해지면, 이제는 단순히 분위기를 좋게 만드는 차원을 넘어 팀원의 동기를 자극하고, 더 큰 활약을 이끌어내는 본질적인 '칭찬'으로 나아가야 한다. 이를 위해서는 '무엇을 칭찬할 것인가'가 중요해진다.

비즈니스 현장에서는 외모나 복장처럼 업무와 직접 관련 없는 부분을 칭찬하는 것은 적절하지 않다. 자칫 상대방이 불쾌하게 느낄 수도 있다. 또한, 상대의 민감한 부분이나 본인이 콤플렉스로 여길 수 있는 요소를 잘못 언급하면 오히려 역효과를 낼 수 있다. 그래서 이제부터는 비즈니스 관계에서 '무엇을 칭찬해야 하는가'와 '무엇을 칭찬하지 말아야 하는가', 즉 칭찬의 철칙과 기준을 구체적으로 살펴보겠다.

성장을 칭찬한다

칭찬할 때는 팀원을 다른 사람과 비교하지 말고, '예전의 그 사람'과 비교해서 칭찬하자. 이렇게 하면 '과거보다 지금, 지금보다 더 나은 미래'를 향해 의식과 행동 모두가 발전하게 된다.

이 방식은 상대방에게 부담이나 반감을 주지 않으며, 무엇보다 "예전부터 나를 지켜봐 주었구나"라는 신뢰감을 형성한다. 특히 젊은 세대에게는 이 방법이 탁월하다.

누구에게나 성장 욕구가 있으며, '이 회사에서, 이 부서에서, 이 리더 밑에서 성장할 수 있겠다'는 확신이 곧 동기 부여로 이어진다. 이는 이직률을 낮추는 결정적 요인이 되기도 한다. 따라서 높은 이직률로 고민하는 경영자나 리더라면 급여나 근무 환경뿐 아니라, '성장을 실감할 수 있는 피드백'이 그만큼 중요하다는 사실을 기억해야 한다.

팀원의 성장을 칭찬하라. 그 칭찬이 곧 능력을 발전시키는 연료가 된다.

결과를 칭찬할까 과정을 칭찬할까

'무엇을 칭찬할 것인가'를 논의할 때, 항상 등장하는 주제가 바로 '결과를 칭찬할까, 과정(프로세스)을 칭찬할까'이다. 내 개인적인 견해로는, 비즈니스에서는 '결과'가 우선이다. 육아 서적에서는 거의 예외 없이 '과정 칭찬'을 권하지만, 비즈니스는 다르다.

흔히 인용되는 근거로는 이런 실험이 있다. 아이들을 두 그룹으로 나누어 한쪽은 '결과'를, 다른 한쪽은 '과정'을 칭찬했더니 '결과'를 칭찬받은 아이들은 어려운 문제에 도전하지 않았다는 것이다. 그러나 비즈니스 현장의 상대는 '아이'가 아니다. '칭찬받지 못하면 도전하지 않는다'는 식의 논리가 성립하지 않는다. 도전 과제나 미션은 면담을 통해 명확히 정의하면 되는 일이다.

조직은 결과를 통해 수익을 내는 곳이다. 성과가 없는데 "야근을 많이 했으니 괜찮다"라고 말할 수는 없다. 따라서 어느 한쪽을 택해야 한다면, 비즈니스의 칭찬은 '결과' 중심이어야 한다. 물론 '과정'을 완전히 배제하라는 뜻은 아니다. 특히 경험이 적은 팀원, 예를 들어 신입사원에게는 '과정' 칭찬이 필수적이다. 그들의 가장 큰 과제는 '빨리 배우는 것'이며, 이 시기에는 결과보다 일에 임하는 자세와 태도가 성장의 지표가 된다.

경험이 쌓일수록, 칭찬의 초점은 '과정'에서 '결과'로 옮겨간다. 이 원칙을 기억해 두자.

이제 마지막으로, 도무지 칭찬할 부분이 보이지 않을 때는 어떻게 해야 할까? 관점을 바꿔도, 성장 포인트를 찾아보려 해도 도무지 긍정적인 부분이 보이지 않을 때가 있다. 그럴 때 사용할 수 있는 마법의 단어가 있다. 바로 '성장 가능성'이다.

"지금은 바닥이지만, 이제부터는 성장 가능성밖에 없다."

이렇게 관점을 전환해 "성장 가능성이 있으니까, 걱정 말고 풀스윙하자"라고 응원해 보라. 이것 또한 결국 관점을 바꾸는 사고방식이다.

> **POINT**
> - 성장을 칭찬하는 것이 철칙이다.
> - 경험이 쌓일수록 칭찬의 초점은 '과정'에서 '결과'로 이동한다.
> - 칭찬할 부분이 보이지 않을 때는 '성장 가능성'을 칭찬하라.

언제 칭찬하고, 어디서 칭찬할 것인가

이번 절에서는 '언제 칭찬해야 하는가', '어디서 칭찬해야 하는가'에 대해 살펴보겠다. 먼저 이를 잘 보여주는 짧은 이야기를 하나 소개하겠다.

쌀 도매상의 주인이 젊은 수습생을 데리고 고객을 방문했다. 그런데 수습생이 고객 앞에서 큰 소리로 말했다. "나리, 기모노에 구멍이 뚫렸습니다!" 주인은 얼굴이 붉어져서 황급히 수습생을 타일렀다. "그런 건 큰 소리로 말하지 말고, 살짝 알려주면 되는 거야."

수습생은 그 말을 이해하고 잠시 후 주인의 귓가에 대고 조용히 속삭였다. "잘 보니 구멍이 아니라 무늬였습니다. 멋진 그림의 기모노네요."

이 이야기가 재미있는 이유는, 부정적인 말은 조용히, 칭찬은 큰 소리로 하라는 인간관계의 기본 원리를 담고 있기 때문이다. 누구든지 남들 앞에서 지적받는 것은 불쾌하다. 게다가 지적은 당사자뿐 아니라 듣는 사람의 분위기까지 흐리게 만든다.

음식점에서 주인이 손님 앞에서 점원을 꾸짖는다면 손님 역시 불편함을 느낀다. 마찬가지로 조직에서도 지적은 개인적으로, 칭찬은 공개적으로 하는 것이 기본이다.

이 일화는 다음 절에서 다룰 '칭찬의 타이밍과 장소'를 이해하기 위한 좋은 출발점이다. 어떤 상황에서, 어떤 방식으로 칭찬해야 효과가 극대화되는지 이제 구체적으로 살펴보자.

칭찬할 때의 가장 효과적인 타이밍

칭찬은 언제 해도 나쁘지 않다. 좋은 성과가 나왔을 때나 면담 자리에서의 칭찬도 당연히 효과적이다. 하지만 그중에서도 가장 좋은 타이밍이 있다. 바로 누군가를 소개할 때다.

내 경험을 하나 이야기하겠다. 리더가 되기 전, 나는 선배를 따라 거래처에 간 적이 있었다. 그 자리에서 선배는 나를 이렇게 소개했다.

"발상력은 회사에서도 손꼽힙니다."

그 순간 부끄럽기도 했지만, "기대받고 있으니 반드시 좋은 결과를 내야겠다"는 생각이 들었다. 결국 그 일이 큰 동기부여가 되어, 정말 열심히 임할 수 있었다. 지금 돌이켜보면 그 선배의 말 속 '발상력은'의 '~은'이 절묘했다. '소통 능력은 부족하지만 용서하세요'라는 뉘앙스가 있었을지도 모르지만, 그 말 한마디에 의욕이 솟아난 건 분명했다.

회사 밖에서 팀원을 칭찬하는 것이 일본(또는 한국) 문화에서는 다소 낯설게 느껴질 수 있다. '우처愚妻(우매한 아내)', '우식愚息(우매한 아들)'처럼 가족을 낮추어 표현하는 것이 미덕으로 여겨지는 문화도 있기 때문이다. 그러나 나는 여러분이 '자식 바보'가 아니라, '팀원 바보'가 되길 바란다.

회사 안팎을 막론하고, 팀원의 장점을 자신 있게 칭찬하라. 물론 사실이 아닌 칭찬은 불필요하다. 그러나 실력이 있는 팀원이라면 "기대되는 신입사원입니다", "우리 팀의 에이스입니다" 정도의 말은 충분히 괜찮다.

칭찬받는 사람은 의욕이 생기고, 소개받은 쪽에서도 "이런 인재가 있구나" 하며 좋은 인상을 받는다. 반대로 "우리 팀의 문제아 ○○입니다" 같은 말로 소개한다면 듣는 사람뿐 아니라 조직의 신뢰도까지 떨어진다.

나는 늘 이렇게 생각한다.
"매니지먼트는 확성기다."

칭찬은 본인에게만 하는 것이 아니라, 주변에 널리 알리듯 퍼뜨리는 것이다. 사람은 다른 이로부터 기대를 받으면 퍼포먼스가 올라간다. 이는 수많은 실험 결과로도 증명된 사실이다. 제삼자를 통해 칭찬이 전해지면, 그 기대에 부응하고 싶어지는 것이 인간의 심리다.

이것이 바로 치알디니의 '반보성의 법칙 Reciprocity'으로 '받은 것은 돌려주고 싶어진다'는 원리다. 게다가 팀원의 성과를 널리 알리면 결국 그 일은 다시 리더에게 돌아온다. 팀원의 평판은 곧 리더의 평판이기 때문이다.

"우리 팀에는 정말 훌륭한 인재가 많습니다."

이렇게 말하는 리더에게는 자연스럽게 더 많은 기회가 주어진다. 팀원의 성장과 리더 자신의 성장을 위해서라도, '인간 확성기'가 되어 큰 목소리로 칭찬을 전하라.

> **POINT**
> - 칭찬의 절호의 타이밍은 다른 사람에게 소개할 때다.
> - 확성기처럼 팀원의 성과를 널리 퍼뜨려라.

34 칭찬하기의 함정

여기까지 '칭찬하기'의 중요성을 말했지만, '무조건 칭찬하면 된다'는 뜻은 아니다. 여기에는 함정이 있다.

첫째, 칭찬받지 못한 사람의 의욕이 떨어질 수 있다. 특히 부서 표창처럼 공개적 칭찬 open praise 은 주의가 필요하다. '열심히 했다'는 이유만으로 표창하면, "나도 열심히 했는데 왜 나는 아니지?"라는 불만이 생기기 쉽다. '신규 서비스를 따왔다'는 이유로 표창했다면, 다른 신규 안건도 모두 표창해야 공평성이 유지된다. 불공평은 동기 저하로 이어지고, "나를 보지 않는다"는 리더에 대한 불신으로 번진다. 따라서 공개 칭찬에는 명확한 기준이 필요하다.

예) '매출 △% 이상 증가', '신규 △원 이상 수주', '고객 감사장 수령' 등. 기준이 분명하면 칭찬의 공정성이 확보되고, '무엇을 칭찬할지' 자체가 팀의 행동 지침이 된다.

조직이 어디로 향하길 원하는지에 맞춰, 무엇을 칭찬할지, 하지 않을지를 신중히 결정하자.

칭찬할 때는 다른 사람과 비교하지 않는다

앞서 '팀원의 성장을 칭찬하라'고 했지만, 그 반대로 '다른 사람과 비교해서 칭찬하는 것'은 피해야 한다.

칭찬에는 두 가지 방식이 있다. 한 사람의 예전과 지금을 비교하는 '수직 승인', 그리고 다른 사람과 비교하는 '수평 승인'이다.

'수직 승인'의 장점은 이미 32절에서 말했듯이, 성장의 동력을 만든다. 반면 '수평 승인'은 개인의 성장을 촉진하지 못한다.

사생활에서도 "A 씨는 B 씨보다 예쁘네요", "C는 D보다 더 뛰어나네요" 같은 말은 결코 기분 좋지 않다. 칭찬처럼 들려도 결국은 비교 평가에 불과하다. 사생활에서는 부적절하다고 알면서도, 비즈니스 현장에서는 무심코 이런 말을 하기 쉽다. 나 역시 예전에 이런 실수를 한 적이 있다.

"○○ 씨는 동기 중에서도 제일 좋은 평가를 받았어."

"△△ 씨보다 후배인데 성과는 배나 올렸네. 대단하네."

악의 없이 한 말이었지만, 이런 칭찬은 다른 팀원을 낮추는 효과를 낸다. 결과적으로 신뢰를 잃게 되는 것이다.

칭찬은 비교가 아니라 본인 자체를 향해야 한다. 그 사람의 성장 과정, 태도, 고유한 강점을 칭찬해야 진정한 의미가 있다. '맡겨서 성장시키고, 성장한 점을 다시 칭찬하는' 이 루

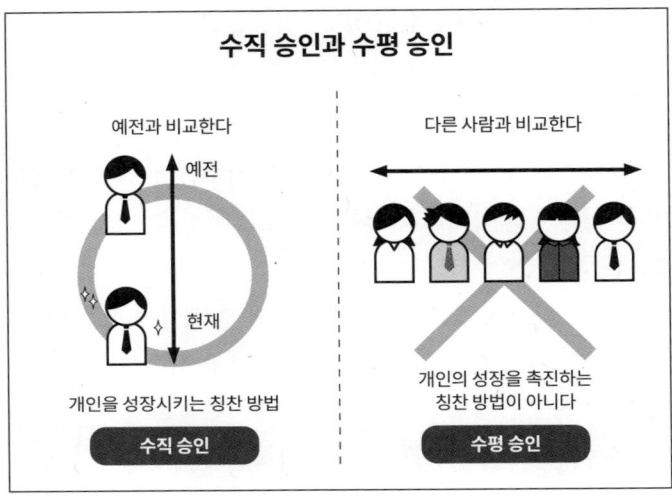

프가 팀 전체의 역량을 자연스럽게 끌어올린다.

또 한 가지 명심할 점이 있다. 비교는 칭찬할 때보다 혼낼 때 더 치명적이다.

"○○ 씨는 잘하는데 왜 너는 못하니?"

이런 말은 의욕을 꺾고 자존감을 훼손한다. 부정적인 상황일수록 비교를 삼가는 것이 기본이다.

> **POINT**
> - 여러 사람 앞에서 칭찬할 때는 명확한 기준을 마련한다.
> - 다른 사람과 비교하지 말고, 본인의 성장과 고유한 장점을 칭찬한다.

35 성장을 이끄는 피드백

'도쿠가와 이에야스의 쓴소리'라는 내용이 한때 SNS에서 화제가 된 적이 있다. 게시한 사람마다 표현은 조금씩 달랐지만, 요지는 다음과 같다.

도쿠가와 이에야스의 쓴소리
- 본인에게만 조용히 전한다.
- 부드러운 말로 전한다.
- 먼저 지금까지의 공로와 노력을 칭찬하고 감사한다.
- 끝에는 앞으로의 기대를 전한다.
- 가신을 꾸짖는 일은 곧 자신을 경계하는 일로 삼는다.

실제 역사적 사실 여부는 확실치 않지만, 상대방을 배려하는 이 꾸짖는 방식은 현대에도 통하는 보편적 원칙이다.

쓴소리를 할 때는 '지적', '지도', '유도'를 한다

앞서 '칭찬'의 중요성을 이야기했지만, 현실에서는 칭찬만으로 해결되지 않는 상황도 있다.

"부탁한 일을 하지 않았다", "결과가 기대에 못 미친다", "같은 실수를 반복한다"는 사례처럼 말이다. 이럴 때 필요한 것이 바로 '올바른 쓴소리', 즉 성장을 이끄는 피드백이다.

하지만 막상 피드백을 하려 하면 '상사가 괴롭힌다고 하지 않을까', '혹시 회사를 그만두지는 않을까' 하는 걱정이 따르기 마련이다.

앞서 소개한 도쿠가와 이에야스의 쓴소리처럼, 사실 쓴소리에도 지켜야 할 에티켓이 있다. 지금부터는 그 '올바른 쓴소리'에 대해 설명하겠다.

먼저 결론부터 말하자면 비즈니스 현장에서 단순히 쓴소리를 하는 것은 피해야 한다. 그렇다고 아무 말도 하지 말라는 뜻은 아니다. 상대방의 상황에 맞게 '지적', '지도', '유도'의 세 단계를 밟으면 된다.

'쓴소리'라는 말에는 '이봐! 틀렸잖아! 몇 번을 말해야 알아들어!' 같은 뉘앙스가 있다.

아이를 도로로 뛰쳐나갈 뻔했을 때 '위험하잖아!'라고 호통치는 것은 필요할 수도 있지만, 비즈니스 현장에서 성인에게 같은 방식으로 대하는 것은 적절하지 않다. 그렇게 하면 분노를 통제하지 못하는 리더로 보일 뿐이다.

애초에 쓴소리를 하는 목적은 무엇일까? 상대방이 잘못

된 부분을 개선하도록 돕는 것뿐이다.

칭찬과 마찬가지로 쓴소리도 수단이지 목적이 아니다. 하지만 감정적인 사람일수록 '꾸짖는 것' 자체가 목적이 되어, 결국은 자신이 화를 풀기 위한 행동으로 바뀌어 버린다. 그렇게 되면 팀원의 행동은 결코 개선되지 않는다.

문제를 냉정하게 지적하고, 왜 그것이 문제인지 설명하며 지도하고, 개선할 수 있도록 함께 생각하며 유도한다. 상대방을 성장시키는 것이 목적이라면, 이 방법이 가장 올바른 피드백 방법이다.

하면 안 되는 쓴소리

앞서 '비즈니스 현장에서 단순히 쓴소리를 하는 것은 피해야 한다'고 말했지만, 특히 하지 말아야 할 잘못된 쓴소리가 있다.

잘못된 쓴소리

- 여러 사람 앞에서 지적한다.
- 계속 반복해서 길게 지적한다.
- 인격을 부정한다.
- 이미 반성한 사람을 다시 지적한다.

이유는 굳이 설명하지 않아도 지금까지 읽은 여러분이라면 충분히 짐작할 것이다. 특히 '중요한 안건에서의 실수', '반복되는 실수'처럼 감정이 쉽게 올라오는 상황에서는 자신도 모르게 위의 행동을 저지르기 쉽다. 이럴 때일수록 더욱 주의해야 한다.

마지막 항목인 '이미 반성한 사람을 다시 지적하는 것'에 대해서는 조금 더 설명이 필요하다.

그렇다면 구체적으로 어떻게 해야 할까? 앞서 말한 '지적', '지도', '유도'의 세 단계를 상황에 맞게 적용하면 된다. 이 세 가지는 순서대로 진행하지만, 상대방이 문제를 인식했는가, 반성하고 있는가에 따라 시작점이 달라진다.

이를테면, 어떤 팀원이 고객의 기밀 서류를 다른 고객에게 잘못 보냈다고 하자. 실수를 인식하지 못한 경우에는 '지적' → '지도' → '유도' 순서로 진행한다. 실수를 알리고(지적) → 그 문제의 중대성을 설명하고(지도) → 재발 방지를 위한 대책을 함께 고민한다(유도). 실수는 인식했지만 반성하지 않는 경우에는 '지적'을 생략하고 '지도'부터 시작한다. 왜 그것이 문제인지, 어떤 영향을 주었는지를 명확히 설명한다.

실수도 인식하고 충분히 반성하는 경우에는 다시 지적하거나 반성을 재촉할 필요는 없다. 이미 아픈 곳에 소금을 뿌리는 격이다. 대신 '유도'에 집중해, 예를 들어 메일 발송 시

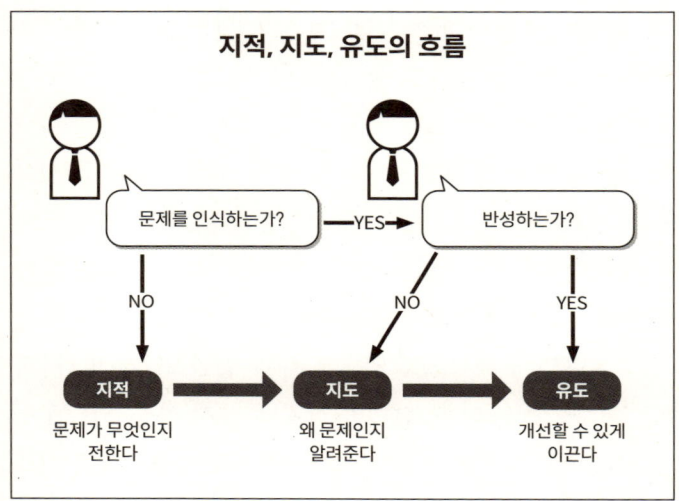

경고 기능을 추가하거나, 첨부 파일을 다른 사람이 한 번 더 확인하는 체제를 마련하는 등 구체적인 재발 방지 방안을 함께 모색하자.

POINT

- 쓴소리는 '지적', '지도', '유도'의 순서로 진행한다.
- 상대방의 상황에 따라 피드백의 시작점을 조정한다.

36 괴롭힘이 되지 않는 피드백 방법

상대방에게 부정적인 내용을 전달해야 할 때 사용할 수 있는 방법 두 가지를 소개하겠다.

① 시트 샌드위치를 사용한다

미국에서 예전부터 전해 내려오는 방법으로, 학생 시절 메이드 서비스를 창업해 세계 톱 10 CEO로 선정된 크리스틴 하디드Christine Hadeed의 분투기 《실패할 자유Permission to Screw Up》에서도 자주 언급된 방법이다. 특히 'Z세대라고 불리는 젊은 세대에게 효과적'이라고 소개된다. 한마디로 말하자면, 갑자기 지적하지 말고 '말의 처음과 끝에 칭찬을 끼워 넣자'는 제안이다. '시트shit'는 원래 점잖은 표현은 아니지만, 여기에서는 '쓴소리', '지적'이라는 의미로 이해하면 된다.

즉, 부정적인 말을 긍정적인 말 사이에 넣으면 상대가 받아들이기 쉬워진다는 뜻이다. 앞서 소개한 도쿠가와 이에야스의 꾸짖는 법 중 '가장 먼저 지금까지의 공적을 칭찬하고 고마워한다', '마지막으로 앞으로도 기대한다고 전한다'는 내용도 이와 같은 발상에 가깝다. 비즈니스나 사생활에서도 '쓴소리'부터 바로 꺼내지 말고, 시트 샌드위치의 방식을 활용해 보자.

예 1. 비즈니스 상황

"영업 실적이 떨어졌고, 고객에게 제안한 자료에도 실수가 많잖아."
→ "○○ 씨는 입사 이후 줄곧 영업 실적이 상위권이었잖아. 하지만 최근에는 다소 부진하고 제안 자료에 실수가 보여. 그래도 ○○ 씨는 잠재력이 있으니까, 세부 사항만 신경 쓰면 반드시 좋은 결과가 나올 거야."

이 예문에서는 긍정적인 말을 앞뒤에 배치하고, 그 사이에 '지적'을 넣었다.

예 2. 사생활 상황

"세제로 제대로 닦았어? 기름때가 남아서 결국 다시 해야 하잖아."
→ "설거지해줘서 고마워. 컵도 반짝반짝해졌네. 다만 큰 그릇은 기름때가 조금 남았어. 기름이 많은 그릇은 세제를 조금 더 쓰면 다른 그릇처럼 반짝반짝해질 거야."

어떤가? 조금 더 부드럽게 들리고, 다음에는 스스로 개선해 보겠다는 마음이 들지 않는가?

만약 이렇게 말하는 게 장황하다고 느껴진다면, 끝에는 넣지 않고 처음 부분에만 긍정적인 말을 곁들이는 것도 좋다.

② 'WHY'(왜 말하는가)를 전한다

두 번째 방법은 상대방이 '죄송합니다'만 반복할 때, 또는 전혀 반성하지 않을 때 필요하다. 먼저 '죄송합니다, 죄송합니다'라며 연달아 사과하는 경우, 상대는 '혼났다'고만 느낀다. 그러나 목적은 혼내는 것이 아니라 개선을 바라는 것이다. 따라서 "부정적인 이야기를 하는 이유는 당신이 더 잘하길 바라기 때문"임을 분명히 전해야 한다. 예를 들어, "여기만 고치면 다른 건 완벽해요.", "같은 실수만 반복하지 않으면 정말 완벽할 거예요." 이처럼 왜 지적하는지WHY를 함께 알려주자.

반대로, 전혀 반성하지 않고 "그건 제 일이 아닙니다", "다른 사람이 한 거예요"라고 책임을 회피하는 유형도 있다. 이 경우에도 단순히 나무라기보다 "○○ 씨는 잠재력이 높으니까 더 기대돼요", "이번 일은 아쉬웠지만 좋은 성과를 낼 수 있을 거예요"처럼 상대의 장점을 인정하며 이유를 설명하는 것이 중요하다.

자신에 대해서도 칭찬한다

여기까지 '칭찬하기'에서 '쓴소리하기'까지 폭넓게 설명해 왔는데, 이 장의 마지막으로 꼭 전하고 싶은 말이 있다.

자기 자신도 칭찬하자. 매니지먼트 일은 생각보다 어렵고, 때로는 소모적이다. 일을 맡길 수 있었을 때, 맡기기가 잘 이루어졌을 때, 그리고 부하 직원이 성장했을 때, 그 모든 과정의 중심에는 늘 당신이 있었다. 그러니 그럴 때마다 자신을 칭찬하자.

사적인 일에서도 마찬가지다. 부탁했던 일이 잘 진행되

고, 상대가 기꺼이 응하며 좋은 결과를 냈다면 그건 당신의 소통과 신뢰의 결과다. 맛있는 술 한 잔, 달콤한 디저트 하나로 스스로에게 상을 주며 잠시 숨을 고르자. 이것 또한 훌륭한 매니지먼트다.

POINT

- '쓴소리'를 긍정적인 말 사이에 끼워 넣어 전달한다.
- 왜 지적하는지를 분명히 알려준다.
- 리더인 자신을 칭찬하는 것도 잊지 말자.

8장

동기 부여를 높이는 '4+1'

37. 동기 부여는 만들 수 있다

"어떻게 하면 팀원의 동기 부여를 높일 수 있을까?"

이 질문은 수많은 경영자와 매니저가 해답을 찾고자 하는 과제다. 사람마다 동기 부여의 방식이 다르기 때문에, 이 주제 하나만으로도 책 한 권을 쓸 만큼 깊고 복잡하다.

동기 부여를 낮추는 10가지 요인

애초에 동기 부여는 왜 필요할까? 의욕이 있으면 생산성과 품질이 오르고 팀 분위기도 좋아진다. 반대로 동기 없이 억지로 하는 일은 효율과 성과가 떨어지고, 평가는 낮아지며, 다시 의욕이 꺾이는 악순환이 이어진다.

요즘 원격 업무 환경에서는 상사의 시선이 닿지 않으니 스스로 행동하고 결과를 내는 주체성이 더욱 중요해졌다. 그러나 의욕이 없거나 이른바 '지시 대기' 상태로는 이를 달성할 수 없다. 그만큼 동기 부여의 향상과 유지가 예전보다 더 큰 과제가 되었다.

이 장에서는 사람을 주체적으로 움직이게 하고 성과로

연결하는 동기 부여 향상법을 설명한다.

　동기 부여를 높이기는 쉽지 않다. 능력이나 기술과 달리 공유·전수하기 어렵기 때문이다. 그렇다고 겁낼 필요는 없다. 단언컨대, 동기 부여는 만들어낼 수 있다.

　옛 광고 문구에 '예쁨은 만들 수 있다'가 있었듯, 특별한 재능이나 리더의 카리스마가 없어도 제대로 된 대책을 세우면 누구나 해낼 수 있다.

　다만 만능 처방은 없다. 왜 동기가 낮은지, 원인에 따라 접근이 달라지기 때문이다. 병을 고치는 방법이 증상과 원인에 따라 달라지듯, 동기도 마찬가지다. 그럼 먼저 동기 부여를 낮추는 요인부터 짚어보자.

동기 부여를 낮추는 요인
1. 하고 싶은 일이 아니다
2. 적성에 맞지 않는다
3. 일에서 가치를 느끼지 못한다
4. 장래성이 보이지 않는다
5. 일에 긍지를 가질 수 없다
6. 상사가 봐주지 않는다
7. 정당한 평가를 받지 못한다
8. 기대해 주지 않는다

9. 성취감이 없다
10. 성장을 느끼지 못한다

크게 10가지를 꼽았다. 이제 이 요인들에 대응하는 네 가지 방법과 세부 전략을 이 장에서 다룰 것이다. 7장에서 다룬 내용과도 맞물리므로, 이해하기 쉬운 것부터 순서대로 살펴보겠다.

동기 부여를 높이는 방법 ① '칭찬'하면 사람은 행동할 마음이 생긴다

'칭찬하기'는 특히 6. 상사가 봐주지 않는다, 7. 좋은 평가를 받지 못한다는 요인에 간접적으로 강한 효과가 있다.

일부 비즈니스 서적에서는 "100점짜리 성과가 아니면 칭찬하지 말라"고 엄격하게 말하지만, 내 생각은 다르다. 칭찬은 성과를 만드는 출발점이다. 칭찬받아야 비로소 의욕이 솟아나고, 그 힘으로 100점에 가까워진다.

처음부터 완벽한 성과를 기대하기보다는, 비록 70점짜리 결과라도 그 안에 담긴 장점과 노력의 흔적을 찾아내 칭찬하라. 그 칭찬이 성장의 원동력이 된다.

> **POINT**
> - 동기 부여를 낮추는 요인은 다양하다.
> - 각 요인에는 맞춤형 향상 전략이 필요하다.
> - 칭찬은 가장 직접적이고 강력한 동기 부여의 연료다.

'적성에 안 맞아요'라는 말에 대한 대응법

앞 절에 이어 이번에는 동기 부여를 높이는 두 번째 방법을 살펴보자.

동기 부여를 높이는 방법 ② '의욕과 적성을 고려'하면 사람은 행동할 마음이 생긴다

앞서 언급한 동기 부여를 낮추는 요인 중 1. 하고 싶은 일이 아니다, 2. 적성에 맞는 일이 아니다, 이 두 가지에 대한 대응 방법을 설명하겠다.

2장 6절에서 "팀원의 의욕과 적성이 겹치는 부분을 찾아, 그에 맞는 일을 배정하라"고 말했던 그림을 기억할 것이다. 그런데 실제 현장에서는 이 원칙이 잘 지켜지지 않는다. 대부분은 단순히 '한가한 사람에게 일을 맡기고' 그 결과를 기다린다. 하지만 그것은 사람을 일에 맞추는 방식이다. 이제는 일을 사람에게 맞추는 방식으로 바꿔야 한다.

이를 위해서는, 3장에서 언급한 것처럼 면담과 실무 관찰을 통해 팀원의 '하고 싶은 일'과 '잘할 수 있는 일'을 구체

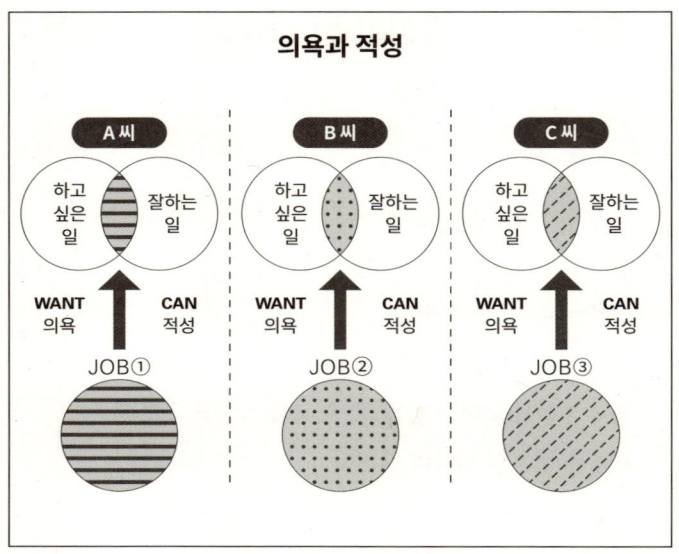

적으로 파악해야 한다.

표면적인 의욕이나 적성(즉, 본인이 인식하고 있는 현재적 의향)만 파악하는 데 그치지 말고, 그 밑에 숨어 있는 잠재적 의향과 잠재적 적성까지 발견해야 한다. 이것이 진정한 리더의 역량이다.

리더의 세 종류

- 삼류 리더: 팀원의 의욕과 적성에 맞지 않는 일을 시킨다.
- 이류 리더: 팀원의 의욕과 적성에 맞는 일을 시킨다.

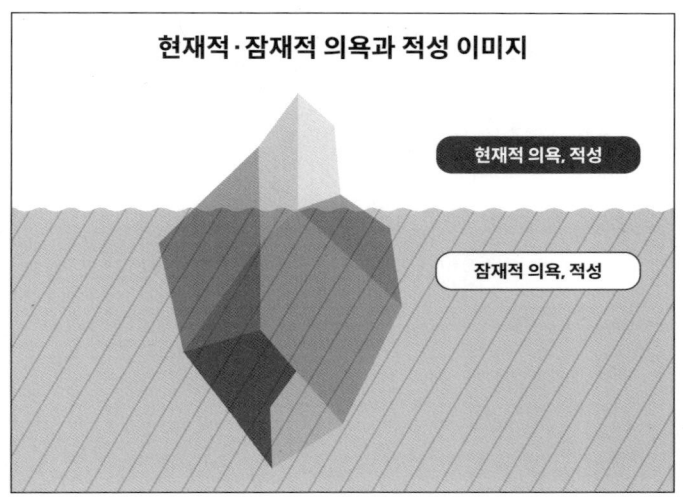

- 일류 리더: 팀원 자신도 몰랐던 의욕과 적성을 간파해 적재적소에 배치한다.

사람은 자신이 '좋아하고 잘하는 일'만 반복하면 결국 매너리즘에 빠진다. 좋아하는 음식도 매일 먹으면 질리는 것처럼, 성장 자극이 사라지면 의욕도 서서히 식는다.

따라서 리더는 팀원이 스스로 인식한 현재의 강점뿐 아니라, 그 아래 잠재되어 있는 새로운 가능성과 잠재적 강점을 발견해 주어야 한다. 그 잠재력에 맞는 일을 맡겼을 때, 동기 부여는 폭발적으로 향상된다.

조직과 사람을 바라보는 객관성을 익힌다

잠재적인 재능을 찾아내고 본질적인 능력과 적성을 확인하는 일은 말처럼 쉽지 않다.

솔직히 말해 나 역시 "그걸 완벽하게 해낼 수 있다"고 자신 있게 단언하진 못한다. 그러나 그 방향으로 나아가기 위해 리더에게 필요한 소양이 무엇인지는 분명히 알고 있다. 그것은 바로 높은 곳에서 조직과 사람을 내려다보는 '객관성'이다.

리더는 반드시 팀원보다 실무적으로 뛰어날 필요는 없다. 영업 리더가 최고의 판매 실적을 내지 않아도, IT 리더가 누구보다 코드를 잘 쓰지 않아도 된다. 하지만 리더는 누구보다도 냉정하고 객관적인 시선으로 조직 전체를 바라볼 수 있어야 한다.

개인의 배경, 선입견, 감정적 이해득실에 흔들리지 않고 공정하게 사람을 평가하고 관찰해야 한다.

객관성이란 정보를 보는 태도이기도 하다. 정보량 자체도 중요하지만, 시야를 넓히고 다양한 의견을 흡수해 통합적으로 판단하는 능력이 핵심이다. 이를 위해 본인의 관찰뿐 아니라, 다른 부서나 후배의 피드백, '360도 평가'나 '강점 진단 도구' 같은 외부적 자료를 함께 활용하는 것이 좋다.

객관성을 잃은 채 선입견으로 판단하면 굳어진 스테레오

타입식 업무 배정이 이루어지기 쉽다. 예를 들어,

"운동부 출신이니까 체력이 좋을 거야 → 영업직이 적성일 거야."
"말을 잘하니까 → 접객직이 어울릴 거야."
"배려심이 많으니까 → 보조 역할이 적합하겠지."

이런 식의 배치는 겉보기에 자연스러워 보이지만, 당사자의 의욕이 100% 발휘될지는 미지수다. 진정한 리더는 인간 관찰의 해상도 resolution를 높여 깊은 층위에서 사람을 이해하고, 다면적인 정보를 객관적으로 분석한다. 그렇게 접근할 때 비로소 본질적인 능력과 잠재된 의욕, 적성의 실마리가 드러난다.

팀원의 의욕과 적성이 맞지 않을 때는 접점을 찾는다

마지막으로, 팀이나 업무가 팀원의 의욕이나 적성과 맞지 않을 때 어떻게 해야 하는지 살펴보자.

예를 들어, 마케팅 팀을 희망한 신입사원이 영업부에 배치되어 의욕을 잃은 상황을 생각해 보자. 이때 "마케팅은 포기해"라는 말은 너무 가혹하다. 대신 "언젠가 마케팅 팀으로 갈 수 있을지도 모른다"는 가능성을 열어두고, 현재 맡은 일에 몰입하여 성과를 내게 하는 것이 중요하다.

이럴 때 핵심은 '관련성'과 '접점'을 찾아내는 것이다. 예컨대 영업 현장에서 어떤 상품이 실제로 인기를 얻는지, 고객이 어떤 반응을 보이는지를 알게 된 경험은 훗날 마케팅 업무에서 매우 큰 자산이 된다.

이처럼 업무를 세분화해 다각도로 바라보면, 지금 맡은 일과 팀원의 관심사 사이에서 의외의 공통점과 연결 지점을 발견할 수 있다. 그 접점이 생길 때, 팀원은 조금씩 다시 의욕을 회복한다.

POINT

- 본인조차 인식하지 못한 잠재적 의욕과 적성을 찾아내자.
- 늘 객관적인 시선으로 조직과 팀원을 관찰하자.

39 공통의 목적이 팀을 움직인다

**동기 부여를 높이는 방법③ '목적'을 공유하고 함께
'목표로 하면' 사람은 행동할 마음이 생긴다**

동기 부여를 높이는 또 하나의 방법은 공통의 목적을 명확히 하는 것이다.

유명한 일화가 있다. 미국 대통령이 NASA 우주센터를 방문했을 때, 한 청소부가 열심히 일하는 모습을 보고 물었다.

"무엇을 하고 있습니까?"

그러자 청소부는 이렇게 대답했다.

"저는 인류를 달에 보내는 일을 돕고 있습니다."

이 이야기는 '목적의식'이 동기 부여에 미치는 힘을 잘 보여준다.

자신의 일이 단순한 청소가 아니라 '인류의 달 탐사'라는 거대한 목적의 일부라고 인식할 때, 그는 자부심을 가지고 적극적으로 일하게 된다. 조직 전체가 공통의 목적을 공유하면, 각자 맡은 역할에서도 긍지와 주인의식이 생긴다.

페이스북 창업자 마크 저커버그Mark Zuckerberg도 하버드

대학교 졸업식 연설에서 이 일화를 언급하며 "목적의식을 갖는 것이 얼마나 중요한가"를 강조했다.

그는 '세계를 더 개방적이고 연결된 곳으로 만든다making the world more open and connected'는 명확한 목적 아래 직원들을 이끌어왔다.

1장 1절에서 언급한 '세 명의 벽돌공' 이야기를 떠올려보자. 같은 벽돌을 쌓는 일이지만, "성당을 짓고 있다"는 목적을 인식한 사람은 "그 성당에서 웃으며 기도할 사람들의 얼굴"을 상상하며 일한다.

이처럼 '완성된 결과'와 '그로 인한 의미'를 함께 제시할 때 사람은 자연스럽게 움직인다. 즉, '무엇을 하는가'보다 '왜 하는가'를 알릴 때 동기 부여가 일어난다.

앞에서 언급했던 동기 부여 저하 요인 중 3. 일에서 가치를 느끼지 못한다, 4. 장래성이 없다, 5. 일에 긍지를 가질 수 없다, 이 세 가지는 공통의 목적을 명확히 제시하고, 그것을 팀의 목표로 삼을 때 극복할 수 있다.

이것은 NASA나 페이스북 같은 대기업에만 해당하는 이야기가 아니다. 작은 부서, 작은 프로젝트에서도 동일하게 적용된다.

예를 들어 단순히 '나사를 만드는 일'이라고 해도, 그 나사가 자동차의 안전장치나 의료기기에 쓰여 사람들의 삶을 더 편리하고 안전하게 만든다면 그 일은 사회에 의미 있는 기여가 된다.

자신의 일이 무엇을 위한 것인지, 누구에게 도움이 되는지, 그리고 어떤 변화를 만들어내는지를 알고 일하는 사람과 그저 "주어진 일을 한다"고 생각하는 사람의 의욕은 완전히 다르다. 리더는 바로 이 '목적과 의미'를 연결해 주는 사람이어야 한다.

넓은 시야로 팀원의 작업 가치를 높인다

일본의 대형 건설사 다이세이大成건설의 기업 슬로건은 "지도에 남는 일地図に残る仕事"이다.

그 문구는 단순히 건축을 넘어, '완성된 이후의 가치'를 상상하게 만드는 강력한 비전이다.

자신의 일이 누군가의 삶 속에, 그리고 세상의 풍경 속에 남는다는 인식은 자연스럽게 의욕과 긍지를 불러일으킨다. 리더의 역할도 이와 같다.

넓은 관점으로 작업의 의미와 가치를 재정의하고, 그것을 팀원들에게 분명히 전달하는 것이다. 특히 아직 일을 배우는 단계에 있는 젊은 구성원들은 자신이 '조직의 톱니바퀴 하나'에 불과하다고 느껴 의욕을 잃는 경우가 많다. 하지만 공통의 목적을 제시하면, 작은 역할이라도 큰 그림의 일부로서의 가치를 인식하게 된다.

"내가 하는 일도 전체를 움직이는 한 조각이다"라는 자각이 생기면, 자신의 미래와 조직의 비전에 대한 기대와 희망이 자라난다.

결국 목적의식은 사람을 움직이는 근본적인 에너지다. 이 점은 대중문화 속에서도 잘 드러난다.

만화 〈원피스〉에서는 '해적왕이 되겠다'는 명확한 목적이 있기에 동료들이 서로 협력하고, 어떤 위기에도 함께 싸운다. 만화 〈킹덤〉에서는 '중화를 통일해 평화를 이룩하겠다'는 이상이 있기에 수많은 인물이 목숨을 걸고 움직인다.

물론 목적이 꼭 거창할 필요는 없다. 예를 들어,

"실적을 올려서(또는 매출을 달성해서) 팀원 전원이 맛있는 거 먹으러 가자." 이 정도의 친근하고 구체적인 목표도 훌륭한 팀의 공통 목적이 될 수 있다.

마틴 루터 킹 Martin Luther King 목사의 'I have a dream' 같은 위대한 연설이 아니어도 좋다. 중요한 것은, 당신의 조직이 향하는 미래를 명확히 보여 주고, 그곳을 향해 함께 나아가겠다는 공통의 의지를 만드는 일이다. 그 비전이 있을 때, 사람은 스스로 움직인다.

팀장과 리더의 차이

마지막으로, 팀장과 리더의 차이를 짚고 넘어가자.

'리더Leader'는 말 그대로 사람들을 이끄는 존재다. 조직이 나아갈 비전을 제시하고 방향을 제안하며, 그 비전을 향해 팀을 끌어가는 역할을 한다. 반면 '팀장Manager'은 사람들을 관리하고 뒷받침하는 존재다. 팀원 한 사람 한 사람이 최고의 퍼포먼스를 낼 수 있도록 환경을 조정하고, 리소스를 관리하며, 실행을 지원한다.

비유하자면, 리더는 위에서 방향을 잡아 끌어당기는 존재, 팀장은 아래에서 팀을 든든히 떠받치는 존재라고 할 수 있다. 둘 중 어느 쪽이 더 대단하거나 중요하다는 의미는 아니다. 조직에는 이 두 역할이 균형을 이루며 공존해야 한다.

POINT

- '목적'을 공유하고 함께 목표로 삼으면 사람은 의욕이 생긴다.
- 목적은 사람을 움직이는 가장 강력한 원동력이다.

동기 부여를 높이는 가장 좋은 방법

동기 부여를 높이는 방법 ④ '맡기면' 사람은 행동할 마음이 생긴다

지금까지 여러 가지 동기 부여를 높이는 방법을 살펴봤다면, 이제 그중에서도 가장 실질적이고 효과적인 방법을 이야기할 차례다. 그것은 바로 '맡기기'다.

동기 부여 저하 요인 가운데, 8 기대해 주지 않는다, 9 일에 성취감이 없다, 10 성장을 느끼지 못한다, 이 세 가지는 모두 '믿고 맡김'을 통해 개선할 수 있다.

'맡기기'는 이 책 전체의 핵심 주제이기도 하다. 이미 여러 장에서 다양한 각도로 다루었지만, 이번에는 '동기 부여 향상'이라는 관점에서 다시 정리해보자.

리더가 적절히 맡긴다는 것은 단순히 일을 분배하는 것이 아니라, 상대방을 신뢰하고 기대한다는 메시지를 전달하는 행위다. 그 기대를 느낀 순간, 사람은 스스로 움직이고 싶어진다.

맡겨진 일은 곧 자기 성장의 기회가 되며, 성과를 내면 성취감과 자부심이 생긴다. 즉, '맡기기'란 동기 부여를 내면에서 끌어올리는 가장 강력한 방식이다.

이제 다음 절에서는, 이 '맡기기'를 어떻게 하면 동기를 자극하는 방향으로 실행할 수 있는지를 구체적으로 살펴보자.

포인트 1. 달성할 수 있고 도전할 수 있는 업무를 부탁한다

성장에는 적절한 부담감이 중요하다고 말했다. 신입사원에게 '내일까지 1억 원 벌어 와'라고 하는 것은 달성할 수 없는 도전이다.

반대로 베테랑 사원에게 '서류를 복사해서 스테이플러 찍는 위치를 틀리지 않게 분류해'라고 하는 것은 달성할 수 있지만 아무런 도전도 없어서 동기 부여가 오르지 않는다.

평소에 팀원의 실력과 잠재 능력을 관찰하고 현재 상태에서는 닿지 않지만 조금 도약하면 도달할 수 있다는 선을 확인해서 맡기자.

포인트 2. WHY(왜 하는가)를 알려준다

앞에서 말한 '목적을 전하고 함께 목표로 한다'와 비슷한데 왜 하는지 알려주고 맡기면 동기 부여가 향상된다.

이 생각에 가까운 '골든 서클 이론 Golden Circle Theory'[4]을 소

개하겠다. 마케팅 컨설턴트인 사이먼 시넥Simon Sinek이 TED로 프레젠테이션해서 화제가 된 사고방식이다.

일반적인 일의 전달 방법은 'WHAT→HOW→WHY'인데 애플의 스티브 잡스와 같은 영향력 있는 리더는 그와 반대인 'WHY→HOW→WHAT'으로 전달한다고 한다.

WHAT인 신상품 소개부터 들어가는 것이 아니라 왜 이런 상품을 만들어내고 싶었는지 WHY부터 시작하면 감정이나 직감에 호소해 사람의 마음을 움직일 수 있다.

이 책《믿고 맡기는 요령》을 프레젠테이션할 경우 오른쪽의 그림을 순서대로 비교해 보자.

WHAT→HOW→WHY
'《믿고 맡기는 요령》이라는 책을 출판한다 (WHAT)'
→ '부정적인 인상이 있는 일 맡기기를 긍정한다 (HOW)'
→ '그렇게 해서 일을 맡기지 못하겠다고 고민하는 사람과 그 주위 사람들도 행복해졌으면 좋겠다 (WHY)'

WHY→HOW→WHAT
'일을 맡기지 못하겠다고 고민하는 사람과 그 주위 사람들도 행복해졌으면 좋겠다 (WHY)'
→ '부정적인 인상이 있는 일 맡기기의 이미지를 바꿔야 한

다 (HOW)'
→ '그래서《믿고 맡기는 요령》이라는 책을 출판한다 (WHAT)'

전자가 낯익은 흐름이라서 안심하겠지만 개인적으로는 후자가 좀 더 마음을 움직이게 하는 인상을 받았다. 그 이유는 WHY의 경우 대뇌변연계가 담당하는 감정에 호소해서 행동을 재촉할 수 있기 때문이라고 한다. 따라서 맡길 때는 WHY를 소중하게 여기기 바란다.

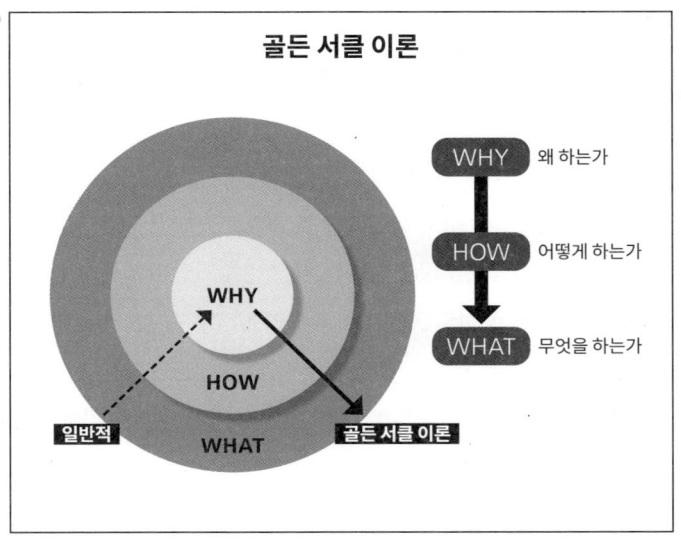

방식을 강요하지 않고 완전히 맡긴다

리더의 역할은 최종 목표를 제시하는 것이다. 그 목표에 도달하는 방법은 구성원에게 전적으로 맡겨야 한다.

예를 들어, "후지산 정상까지 올라가세요"라고 말했을 때, 누군가는 신칸센을 타고 신후지新富士역까지 간 뒤 택시를 타고 산기슭에서 걸어갈 수도 있다. 또 다른 사람은 자동차로 5부 능선까지 간 뒤 거기서부터 오를 수도 있고, 심지어 헬리콥터로 정상에 오를 수도 있다.

어떤 길을 택하든 본인의 판단과 자율성을 존중하는 것이 중요하다. 리더는 그저 결과를 향해 '지켜보는 태도'를 가져야 한다.

물론, 목표가 '후지산'이 아니라 '롯코산六甲山'으로 완전히 엇나간다면 지도해야겠지만, 앞서 다룬 '적성'을 고려하면 그렇게까지 잘못된 방향으로 가는 경우는 많지 않다.

업무를 예로 들면, 자료 작성을 맡길 때 폰트나 레이아웃까지 지정하지 않는 것과 같다. 그 사람의 방식으로 생각하고 표현하도록 맡겨야 한다.

앞에서도 설명했듯, '어중간한 일 맡기기'는 동기를 높이기는커녕 오히려 빼앗는다. 특히 베테랑이나 경력이 높은 팀원에게는 세세한 지시보다 "이 목표를 달성해 주세요"라고 방향만 제시하고 전적으로 맡기는 것이 좋다.

'맡기기'는 단순한 위임이 아니다. 이는 모든 동기 저하 요인에도 영향을 미치는, 동기 부여 향상의 기반이 되는 행동이다. 리더라면 반드시 실천해 보아야 할 리더십의 핵심이다.

POINT

- 맡기면 사람은 의욕이 생긴다.
- 동기 부여를 높이는 '맡기는 방법' 세 가지를 기억하라.

성장 루프를 만들어내는 5단계

이 장에서 다룬 동기 부여를 낮추는 요인과 그에 대한 대책을 정리하면 다음과 같다.

동기 부여를 낮추는 요인과 대책
1. 하고 싶은 일이 아니다 → 의욕과 적성을 고려한다
2. 적성에 맞는 일이 아니다 → 의욕과 적성을 고려한다
3. 일에 가치를 느끼지 못한다 → 목적을 전달하고 함께 목표로 한다
4. 장래성이 없다 → 목적을 전달하고 함께 목표로 한다
5. 일에 긍지를 가질 수 없다 → 목적을 전달하고 함께 목표로 한다
6. 상사가 봐주지 않는다 → 칭찬한다
7. 좋은 평가를 받지 못한다 → 칭찬한다
8. 기대해 주지 않는다 → 일을 맡긴다
9. 일에 성취감이 없다 → 일을 맡긴다
10. 성장을 느끼지 못한다 → 일을 맡긴다

이 장의 핵심은 동기 부여를 낮추는 요인에 따라 접근 방식이 달라진다는 점이다. 하지만 지나치게 복잡하게 생각할 필요는 없다. 이는 약 처방처럼 '잘못 적용하면 부작용이 생기는 것'이 아니기 때문이다. 즉, 모든 방법을 상황에 따라 적절히 활용해도 무방하다.

예를 들어 이미 충분히 좋은 평가를 받은 사람에게 다시 칭찬한다고 해서 문제가 되지 않는다. 중요한 것은, 리더가 지속적인 성장의 순환 구조(루프)를 의식적으로 만들어주는 것이다.

이런 의미에서 다음의 '성장 루프 5단계'는 리더가 실무에서 바로 적용할 수 있는 간결하면서도 강력한 틀이다.

이 흐름은 '맡기기 → 지켜보기 → 보상하기 → 다음 단계 목표 설정 → 목적 공유'의 순환을 그린다. 이 루프가 돌아갈 때 동기 부여는 자연스럽게 생기고 성장의 사다리처럼 작동한다.

사람은 누군가의 지시에 의해 움직이는 존재가 아니라, 스스로 성장하고 싶다는 내적 동기에 의해 움직인다. 리더는 그 사다리를 만들어주는 사람이다. 팀원이 한 단계 오를 때마다 또 다른 사다리를 걸어주어, 지속적인 성장 루프를 완성하자.

성장 루프 5단계

1. 일을 맡긴다

상대방의 의욕과 적성에 맞춰, 적절한 도전 과제를 맡긴다. 스스로 해낼 수 있다는 기대감을 주는 것이 핵심이다.

2. 지켜본다

일단 일을 맡겼다면 간섭하지 않는다. 중간중간 불안하더라도, 참견하지 말고 믿고 기다린다.

3. 보상한다

결과가 나오면 성과에 걸맞은 피드백과 칭찬을 건넨다. 그 사람이 느끼는 "내 노력이 인정받았다"는 감정이 다음 행동의 연료가 된다.

4. 새로운 목표를 설정한다

이번에 얻은 성과를 발판 삼아 새로운 목표를 제시한다. 그 목표의 의미와 매력을 함께 이야기하며, 다음 단계로 도전할 이유를 만들어 준다.

5. 목적을 제시한다

이 일이 왜 중요한지, 무엇을 위한 일인지 명확히 공유한다. 공동의 목적이 명확할수록 사람은 스스로 움직인다.

그리고 다시 ① '일을 맡긴다'로 돌아간다. ↑

동기 부여를 높이는 방법+①

마지막으로, 번외편으로서 동기 부여의 중요성을 다른 각도에서 살펴보자.

동기 부여는 전염된다. 사무실에서 의욕이 없는 사람들 사이에서 혼자 열심히 일하고 있다면 스스로가 점점 어리석게 느껴질 것이다. 반대로, 열정적인 사람 옆에 있으면 자연히 에너지가 생긴다.

동기 부여를 높이고 싶다면, 바로 옆에 의욕이 높은 사람을 두는 것이 가장 빠른 방법이다.

물론 리더가 모범이 되는 것도 중요하지만, 6장에서 설명했듯이 '점이 아니라 면으로 육성한다'는 관점에서 보자면, 항상 리더만이 롤 모델일 필요는 없다. 특히 상대가 신입사원 등 젊은 구성원이라면, 세대가 더 가깝고 '몇 년 후 저렇게 되고 싶다'고 느낄 만한 선배를 롤 모델로 두는 것이 효과적이다.

내가 속한 조직에서는 인재 육성 담당 트레이너나 멘토를 같은 부서뿐 아니라 상성을 고려해 다른 부서에서 임명하기도 한다. 목표나 지향점이 비슷하고 동기 부여가 높은 팀원을 짝지어 일을 맡기면, 반드시 긍정적인 파급 효과가 생긴다.

POINT

- 성장 루프 5단계로 기술적 성장을 촉진한다.
- 동기 부여는 전염된다.
- 동기 부여가 높은 사람을 롤 모델로 삼아 곁에 둔다.

42　최고의 임파워먼트

여기까지 총 8장에 걸쳐 '일 맡기기'와 '인재 육성하기'를 중심으로 살펴보았다. 이제 마지막 장에서는 이 두 가지를 더욱 효과적으로 실행할 수 있는 방법을 설명하고자 한다.

'탤런트 매니지먼트'의 중요성

여기서 말하는 '탤런트'는 '재능'이라는 뜻이다. 사람과 일의 조화를 이끌어내기 위해서는, 팀에 속한 모든 구성원의 능력과 경험을 체계적으로 관리하는 '인재 매니지먼트'가 중요하다. 매칭의 정확도는 데이터의 폭과 깊이에 비례한다.

결혼정보회사를 예로 들어보면 쉽게 이해된다. 회원이 1만 명인 회사와 10명뿐인 회사 중 어느 쪽이 더 좋은 매칭이 이루어질지는 굳이 말하지 않아도 알 수 있다.

6절에서 다룬 '의욕WANT'과 '능력CAN'이 조화를 이루는 일을 찾으려면, 조직 내 폭넓은 영역에서 탐색해야 한다. 그러기 위해서는 정보 공유가 필수적이다.

내가 맡았던 조직에서는, 각 부서장이 부원의 정보를 공유하는 '정보 교환 회의'를 정기적으로 열었다. 각자의 성과, 희망 업무, 강점 분야, 업무 여력 등을 서로 발표하며 의견을 나누었다.

이 회의에서 탄생한 최적의 매칭은 셀 수 없을 만큼 많았고, 실제로 큰 성과로 이어졌다. 물론 조직 구조상 유연한 배치가 어려운 경우도 있다. 그러나 이처럼 사람을 정확히 파악하고, 알맞은 자리에 배치하는 것은 팀을 활성화하는 중요한 비결이다.

아날로그적인 회의 형식이 아니어도 좋다. 조직 전체의 인재 정보를 통합 관리할 수 있는 '인재 관리 시스템Talent Management System'을 도입하거나, 적재적소 배치를 위한 내부 데이터베이스를 구축하는 것도 좋은 방법이다.

개인 → 매니지먼트로 마음의 변화

앞서 여러 차례, '뛰어난 사람일수록 빠지기 쉬운 사고방식'을 다루었다. 대표적인 사례는 다음과 같다.

- 자신만큼 유능한 인재가 없다고 생각해 일을 맡기지 못한다.
- 완벽을 추구한다.
- 일을 맡기고도 중간에 간섭한다.
- 자신과 똑같이 행동하는 '복제품'을 만들려고 한다.

- 칭찬을 하지 못한다.
- 자신의 방식을 강요한다.
- 세세한 부분까지 지시한다.

이러한 태도는 현장에서 직접 뛰며 성과를 내던 사람일수록 더 잘 드러난다. 그래서 흔히 이런 질문이 따라온다.

"뛰어난 선수는 과연 뛰어난 감독이 될 수 있을까?"

문제는 능력이 아니라 사고방식의 차이다. 의식이 바뀌면, 대부분의 문제는 자연스럽게 풀린다. 즉, '개인으로서 뛰어난 사람'이 '맡길 줄 아는 사람'이 될 때, 그는 최고의 리더로 성장한다. 리더로서 사고를 전환하기 위해, 다음 세 가지를 반드시 실천하자.

- '나는 이렇게 했다'는 기준을 버린다.
- 세세하게 지시하는 마이크로 매니지먼트를 그만둔다.
- 권한을 위임하고, 자율성을 존중한다.

이처럼 세부 지시를 줄이고 재량권을 부여해 주체적으로 판단하게 하는 방식이야말로, 오늘날 주목받는 임파워먼트 Empowerment, 즉 '권한을 위임하여 개인의 잠재력을 극대화하는 매니지먼트'의 핵심이다.

맡기기가 최고의 임파워먼트다

'임파워먼트'는 리츠칼튼이나 스타벅스의 성공 사례로 잘 알려져 있다. 현장 직원에게 재량권을 부여하면 조직이 활기를 되찾는다. 이는 단순히 권한을 넘기는 것이 아니라, 현장의 판단을 존중하고 자율성을 인정하는 문화를 세우는 일이다.

다만 이 책이 말하는 '맡기기'는 모든 프로젝트를 위임하라는 뜻이 아니다. 리더가 직접 움직여야 하는 순간도 분명히 있다. 그럴 때는, 스스로 현장에서 모범을 보이는 리더가 되어야 한다. 이것이야말로 팀원들을 설득할 수 있는 진정한 리더의 능력이다.

POINT

- 탤런트 매니지먼트(인재 정보 관리와 공유)가 중요하다.
- 개인의 사고에서 매니지먼트의 사고로 전환한다.
- 맡기기는 최고의 임파워먼트가 된다.

43 가르치기보다 중요한 것은 배우기

2부에서는 주로 사람을 가르치는 일에 대해 다루었다. 그러나 그보다 더 중요한 것이 있다. 바로 '배우는 자세'다.

"내일 죽을 것처럼 살아라. 영원히 살 것처럼 배워라."

이 격언은 리더에게도 그대로 적용된다. 관리직이 되었다고 해서 가르치는 사람이 되고, 배움이 끝난 사람으로 멈추는 것은 아니다. 나 역시 업무를 하며 팀원에게서 배우는 일이 많다.

좀 더 정확한 조언을 해주는 사람은 상사일지라도, 배움의 총량으로 따지면 오히려 부하보다 더 많이 배우게 된다. 이 사실을 깨닫는 순간, '끝난 사람'이 되지 않으려면 계속해서 성장해야 한다는 결론에 다다른다.

맡기기를 통해 생긴 여유 시간은 성장의 기회로 활용해야 한다. 자신이 직접 모든 일을 처리하던 때와 달리, 맡기면 그만큼의 시간이 생긴다.

앞서 말했듯이, 그 시간은 단순한 현장 업무가 아니라 조직 전체를 한 단계 높이기 위한 시야 확장에 써야 한다.

또한, 여유가 생겼다면 전문 지식과 기술을 사회적 가치 창출에 사용하는 것도 좋다. 이를 '프로 보노 Pro Bono(각 분야의 전문가들이 전문성을 활용해 사회적 약자와 소외 계층을 돕는 활동-옮긴이)'라 한다. 전문가가 자신의 역량을 활용해 사회적 약자나 소외된 이들을 돕는 활동으로, 매우 뜻깊은 시간 사용법이다.

조직적인 형태가 아니더라도, 자기 연구나 새로운 기술·지식을 습득하는 리스킬링 Reskilling 역시 바람직하다. 책을 읽고, 영화를 보고, 여행을 다니는 일 또한 매력적인 리더로 성장하기 위한 인간적 소양의 원천이 된다.

리더는 다른 분야의 인맥과 지식을 터득해야 한다

앞으로의 리더에게 필요한 중요한 조건 중 하나는 '경계를 뛰어넘는 능력'이다.

이 확장력에는 두 가지 형태가 있다. 하나는 같은 분야 안에서의 성장이다. 예를 들어 신규 계약을 10건에서 12건으로 늘리거나, 히트 상품을 5개에서 6개로 확장하는 식이다. 이런 정량적 성장은 물론 중요하다. 하지만 진정한 확장은, 자신의 전문 영역을 넘어 다른 분야로 나아가는 것에서 시작된다.

다른 분야의 사람들과 교류하고, 낯선 영역의 지식을 배우면 한 세계 안에 머물러 있을 때는 결코 보이지 않던 것이 보이기 시작한다. 그 과정에서 새로운 자극을 받아 지금까지 없던 가치를 창조하는 혁신이 일어난다.

경계를 넘는 일은 반드시 거창한 도전일 필요는 없다. 내게는 책을 집필하는 일이 그랬다. 본업과는 다른 영역이지만, 그 경험을 통해 나 자신을 더 깊이 이해하고 사고의 폭을 넓힐 수 있었다.

실패해도 괜찮다. 중요한 것은 단 한 걸음이라도 앞으로 나아가는 용기다.

리더도 실패를 각오하고 도전해야 한다

이 책에서는 팀원이 실패를 경험하며 성장하는 것의 중요성을 여러 차례 강조했다. 그러나 그 원리는 리더에게도 똑같이 적용된다. 리더 역시 실패를 각오하고 새로운 도전에 나서야 한다.

"인간은 불완전하기 때문에, 미완의 존재로서 계속 성장하고 배울 수 있다."

철학자 에릭 호퍼Eric Hoffer의 이 말처럼, 완벽하지 않기 때문에 우리는 성장할 수 있다. 자신을 다그치기보다, 그런 느긋한 마음으로 불완전함을 받아들이며 앞으로 나아가야 한다. 경계를 넘어 낯선 일에 도전할 때, 그 경험은 결국 본

업인 비즈니스에 귀결된다. 새로운 시도 속에서 얻은 통찰은 언젠가 조직의 혁신으로 되돌아온다.

마지막으로, 일본 전통극 노能의 대성자 제아미世阿弥가 저술한 최초의 노 이론서 《풍자화전風姿花伝》에 나오는 한 구절을 인용하며 이 절을 맺고자 한다.

"머무는 곳이 없음을, 꽃이라 알아야 한다."(한자리에 머무르지 않고 계속 변화할 때 비로소 더욱 빛날 수 있다.)

이 문장은 '개인에서 리더로 역할을 전환하며 다음 무대에서 꽃을 피운다'는 이 책의 전체 주제와도 맞닿아 있다.

POINT

- 팀원에게서 배우는 자세가 중요하다.
- 계속 성장하며, 지금 있는 세계의 경계를 뛰어넘어보자.

'팀원의 성과는 내 것'이라는 말의 새로운 의미

리더로서 마지막으로 맡아야 할 중요한 역할은 두 가지다.

① 차세대 리더의 육성

첫 번째는 개인의 성장을 넘어서 조직의 다음 세대를 이끌 리더를 길러내는 일이다. 성과가 커질수록 책임도 함께 커진다. 처음에는 10명의 팀을 이끌던 리더가 어느새 50명, 100명을 관리해야 하는 시점이 온다. 하지만 한 사람이 모든 구성원을 완벽히 파악하고 지원할 수는 없다. 한 리더가 확실히 관리할 수 있는 인원은 최대 10명 정도라고 한다.

만화 〈킹덤〉을 보면, 다섯 명으로 구성된 '오장伍長'을 중심으로 그 위에 '백인장百人長', '천인장千人長'이 계층적으로 조직되어 있다.

조직도 마찬가지다. 거대한 시스템이 아니라, 작은 단위의 리더십이 모여 전체가 기능한다. 따라서 리더는 모든 사람을 직접 관리하려 하기보다, 이 책에서 다룬 '일 맡기기'와 '인재 육성하기'의 원칙을 실천할 수 있는 차세대 리더를 길러내야 한다.

특별한 방법이 필요한 것은 아니다. 지금까지 배운 '믿고 맡기기'의 행동 원칙을 그대로 적용하면 된다.

- 아직 부족하다고 판단하지 말고 일을 맡겨 본다.
- 사소한 방법에는 간섭하지 않는다.
- 실패를 통해 배우게 한다.
- 목적과 목표를 공유하고 피드백한다.

이렇게 성장한 차세대 리더가 다시 새로운 리더로서 앞서 42절에서 설명한 정보 공유 시스템을 실행하게 되면, 조직은 인재의 순환 구조를 갖추게 되고 그 에너지가 다시 성과로 이어질 것이다.

② 매니지먼트를 즐기고, 그 모습을 보여줘라

두 번째 과제는 ①에서 언급한 '리더 육성'과 연결된다. 바로 관리직의 묘미를 스스로 느끼고, 그 즐거움을 주변에 전하는 것이다.

매니지먼트를 하다 보면, 이 일이 단순히 '사람을 관리하는 역할'이 아니라 심오하고 어렵지만 동시에 깊은 보람이 있는 일이라는 사실을 깨닫게 된다. 분명, 겉으로 보기엔 빛이 덜 나는, 다소 수수한 업무일 수 있다. 솔직히 나 역시 처음에는 종종 섭섭함을 느꼈다.

업계에서 공적을 인정받는 자리에 오르거나, 강연 무대에 서거나, 미디어의 주목을 받는 기회들이 줄어들었기 때문이다. 하지만 그 대신, 매니지먼트를 통해 훨씬 더 큰 기쁨을 얻었다.

팀원이 성과를 내고 그 결과에 진심으로 기뻐하는 모습을 가까이에서 보는 것만큼 행복한 일은 없다. 조직의 성장을 위해 시행착오를 거듭하며 문제를 해결하는 과정은 그 자체로 창조적이며, 매일이 새롭다.

요즘은 "관리직이 되기보다 개인으로 남고 싶다"는 사람이 늘고 있다. 물론 이런 선택도 다양성의 일부로 존중받아야 한다. 그러나 만약 그 이유가 "재미없을 것 같다", "힘들어 보인다"는 오해 때문이라면 그 생각은 다시 해볼 필요가 있다.

우리 팀에도 그런 팀원이 있었다. 그 팀원은 개인으로 큰 성과를 내고 있었기에, 그 상태를 유지하고 싶다며 승진을 거절했었다. 그런데 얼마 뒤 그가 승진을 받아들이더니, 그 이유를 묻자, 전에 내가 했던 말이 계기가 되었다고 했다.

"리더가 되어 팀을 이끈다는 건, 기쁨이 몇 배로 커지는 일입니다. 팀원이 활약하거나 성과를 내거나 승진할 때마다 그만큼 내 기쁨도 늘어나니까 결국 이득이죠."

그때의 말은 그를 승진시키기 위해 한 말이 아니라, 진심에서 우러나온 나의 본심이었다.

리더가 되어 팀을 보유하면 기쁨이 늘어난다

성과가 나왔을 때, 직접 관여하지도 않았는데 "이건 내가 한 일이야"라며 여기저기 자랑하고 다니는 행동을 '성과 갈취 사기'라고 한다. 물론 이는 잘못된 태도다.

하지만 팀원의 활약을 자신의 일처럼 기뻐하는 마음가짐이라면 그건 적극적으로 권할 만한 일이다. 팀원이 실패하면 함께 책임을 느끼고, 성공하면 진심으로 기뻐하는 것, 이것이 진정한 리더의 자세다.

'팀원의 성과는 내 것'이라고 생각하는 건 공을 가로채는 것 같아서 듣기 안 좋은데, 그만큼 진심으로 팀원의 성과와 성장을 함께 기뻐하는 자세를 가지자는 뜻이다.

이런 태도를 갖게 되면, 매니지먼트는 더없이 큰 행복감을 느낄 수 있는 자리가 된다. 그리고 그 즐거움을 반드시 말로 표현하자.

일본에서는 승진한 뒤 일부러 불평을 늘어놓는 문화가 있다.

"부장은 힘들 뿐이야." "현장이 훨씬 낫지." "관리직은 잔업 수당도 없잖아."

이런 말을 습관처럼 하곤 한다. 이는 해외 출장을 다녀온 사람이 "너무 고생했어요, 괴롭기만 했어요"라고 말하는 것과 비슷하다. 자칫 들떠 보이거나 자랑처럼 보일까 봐, 겸손을 가장한 습관일 뿐이다. 그러나 리더는 꿈을 보여 주는 사람이어야 한다. 즐겁게 일하고, 그 즐거움을 솔직히 말하라. 그게 바로 리더의 책무다.

POINT

- 차세대 리더를 육성한다.
- 팀원의 성과를 자신의 기쁨으로 받아들인다.
- 매니지먼트를 즐기는 모습을 팀원에게 솔직히 드러낸다.

45. 리더십의 본질은 주고 또 주는 것

드디어 마지막 절이다. 여기까지 읽으며 "너무 이상주의적이지 않은가?"라는 인상을 받은 사람도 있을 것이다. 그러나 나는 실제로 이 방식을 통해 성과를 냈고, 그 결과 강하고 신뢰받는 조직으로 성장시켰다는 자부심이 있다. 이 글은 그 경험을 바탕으로, 꾸밈없이 쓴 진심의 기록이다.

"상대방을 믿고 맡기면 성과가 나온다."

이 말은 분명 성선설에 기반한 매니지먼트 사고처럼 들릴 수 있다. 그러나 나는 이것이 결코 비현실적인 낭만이 아니라, 오히려 냉철한 현실주의라고 믿는다.

성악설의 대표적 사상서인 《한비자》에도 이런 구절이 있다.

"교사불여졸성 功詐如拙誠"

교묘한 속임수는 서투른 진심만 못하다.

나는 이 말을 이렇게 해석한다.

"성실하게 대하면 사람은 움직이고, 성과는 자연히 따라온다."

피터 드러커 역시 《매니지먼트》에서 이렇게 강조했다.

"무지나 무능, 불성실함에는 어느 정도 관대할 수 있다. 그러나 진지함의 결여만은 용서할 수 없다."[5]

결국, 이상론처럼 보일지라도 팀원을 진심으로 아끼고, 그들의 성장과 행복을 자신의 일처럼 생각하는 태도가 가장 중요하다. 매니지먼트의 궁극은 '사랑'이다. 지금까지 기술과 방법을 이야기했지만, 마지막에 남는 것은 결국 사람에 대한 애정이다.

팀원의 마음을 열고 싶다면, 리더가 먼저 마음을 열어라

물론 "진지하게 대해야 한다", "믿고 사랑해야 한다"는 말이 현실에서는 쉽지 않을 때도 있다.

- 맡긴 일을 전혀 하지 않는다.
- 애초에 의욕이 없다.
- 나를 노골적으로 싫어한다.

이런 사람에게까지 애정을 느끼기란 솔직히 어렵다. 그건 인간이라면 당연한 감정이다. 그럴 때 떠오르는 옛날 이야기가 있다. 내 기억이 정확하진 않지만, 30~40년 전 〈만화 일본 옛날이야기〉라는 TV 프로그램에서 본 이야기다.

어느 마을의 며느리가 있었다. 시어머니에게 학대를 받아 괴로워하던 그녀는 어느 날 스님을 찾아가 말했다.

"스님, 시어머니가 죽었으면 좋겠어요."

스님은 약 한 병을 건네며 이렇게 말했다.

"이 약을 먹이면 일주일 안에 돌아가실 거요. 그 대신 그 일주일은 정성껏 친절하게 대하시오."

그날부터 며느리는 마음을 다해 시어머니에게 친절하게 대했다. 그러자 시어머니도 점점 마음을 열고, 두 사람의 관계는 놀라울 만큼 좋아졌다. 일주일째 되는 날, 며느리는 울면서 스님을 찾아가 말했다.

"스님, 제발 죽지 않게 해주세요!"

그러자 스님이 미소 지으며 답했다.

"걱정 마시오. 그 약엔 아무런 독이 없소. 나는 다만, 자네가 진심으로 친절해지길 바랐을 뿐이오."

이 이야기의 교훈은 단순하다. 상대의 마음을 열고 싶다면, 먼저 내가 호의를 보여야 한다. 이는 앞서 말한 치알디니의 '호의의 법칙'과도 통한다.

관계를 바꾸고 싶다면 기브 앤 테이크가 아니라 기브 앤 기브, 먼저 주는 것부터 시작해야 한다.

보답을 바라지 말아라

연애에서도 보답을 기대하며 무언가를 하는 사람이 행복해지는 경우는 드물다. 비즈니스 역시 마찬가지다. "내가 이렇게 해줬는데 왜 몰라주지?"라는 마음으로는 결국 관계가 삐걱거리고 만다.

진정한 리더십은 음지에서 조용히 뒤를 받쳐 주는 데 있다. 존재조차 잊힐 만큼 자연스럽게. 이 정신을 설명하는 말이 노자에게 있다.

"태상하지유지, 기차친지예지, 기차외지, 기차모지 太上下知有之, 其次親之譽之, 其次畏之, 其次侮之."

가장 이상적인 리더는, 아래 사람들이 그가 있는 줄만 아는 것이다. 그다음은 존경하고 칭찬받는 리더, 그다음은 두려워하는 리더, 최악은 업신여김을 받는 리더다.

후반부의 구절은 당연한 이야기처럼 들리지만, 진정한 핵심은 "존경받는 인물보다 존재 자체가 잊힐 만큼 자연스러운 리더"가 가장 이상적이라는 점이다.

칭찬이나 감사, 주목을 바라지 않아도 된다. 그저 조용히 팀의 성장을 지켜보며 뒷받침한다면, 그 리더는 이미 '공기와 같은 존재'가 된다. 바로 그런 리더를 목표로 하자.

공기와 같은 리더가 되어라

'공기와 같은 리더'가 되면, 팀원들은 이렇게 말할지도 모른다.

"리더가 특별히 뭘 하는 것 같지 않은데, 왜 우리 팀은 늘 성과를 내지?"

그게 바로 진정한 리더십이다. 보이지 않는 곳에서 신뢰와 자율이 작동할 때, 사람들은 스스로 움직이고, 그 과정에서 성취감과 만족감을 느낀다. 그리고 그 순간, 리더인 당신도 자신의 다음 단계로 자연스럽게 나아가게 될 것이다.

지금까지 총 9장, 45절에 걸쳐 '일 맡기기'와 '인재 육성', 그리고 '리더로서의 성장'을 이야기해 왔다.

이제 남은 것은 단 하나다. 무엇을 실천할 것인가. 그리고 그것을 언제 시작할 것인가. 이제 선택은 당신에게 달려 있다.

> **POINT**
> - 진정한 리더십은 팀원을 진심으로 대하고, 보답을 바라지 않고 먼저 주는 데서 시작된다.
> - 존재조차 잊힐 만큼 자연스러운 '공기 같은 리더'를 목표로 하자.

끝마치며

끝까지 읽어주신 여러분께 진심으로 감사드린다.

어땠는가? '믿고 맡기기'라는 말을 처음 들었을 때는 왠지 편해 보였을지도 모른다. 하지만 막상 읽고 나니 해야 할 일이 꽤 많다고 느꼈을 것이다.

알던 것, 몰랐던 것, 심지어 정반대로 생각하던 것까지 있었을지도 모른다. 그러나 아는 것과 실행하는 것은 전혀 다르다. 중요한 건 실천이다.

이 책은 특별한 능력이 없어도 내일부터 바로 실행할 수 있는 일들로 구성했다. 꼭 한 가지라도 행동으로 옮겨 보기 바란다. 그리고 만약 읽는 동안 유익하다고 느낀 부분이 있다면, 주위 사람에게 이 책을 추천해주었으면 한다.

'일을 믿고 맡겨서 행복해지는 사람들'이 세상에 하나둘 늘어나는 것이 나의 꿈이다. 또한 팀의 일원으로서 함께 일하는 사람은 물론, 언젠가 나의 상사가 되었으면 하는 사람에게도 이 책을 슬쩍 책상 위에 올려두길 바란다.

물론 나 역시 이 책의 모든 내용을 완벽하게 실천하는 것은 아니다. 또한 모든 조직이나 업계에 똑같이 적용된다고 말할 수도 없다. 하지만 지금 공감되는 항목부터 시도해보라.

리더의 시점은 역할에 따라 달라진다. 지금은 실감이 나지 않는 내용이라도, 대리·과장·부장·이사·대표로 역할이 바뀌면 그때는 전혀 다른 의미로 다가올 것이다.

지금 이해되는 부분에 밑줄을 긋고 실행하라. 그리고 몇 년 뒤 다시 읽을 때, 그 밑줄이 다르게 보인다면 그것이 바로 성장의 증거다.

한 가지, 본문에서는 일부러 깊이 다루지 않은 주제가 있다. 바로 '신뢰 관계의 중요성'이다. 이것을 결코 가볍게 본다는 뜻은 아니다. 리더십이란 결국 팔로어십이 있어야만 성립된다. 아무리 일을 맡기려 해도, 신뢰가 쌓이지 않으면 결코 잘 돌아가지 않는다.

많은 비즈니스서와 리더십 책들이 1장부터 "먼저 신뢰를 쌓자"고 강조한다. 하지만 나는 그 접근이 늘 아쉬웠다. 너무나 당연한 이야기이기 때문이다. '돈을 벌려면 매출을 늘려라', '인기를 얻으려면 호감을 사라' 이런 말과 다를 바 없지 않은가. 중요한 건 '어떻게 신뢰를 쌓을 것인가'이다.

좋은 소식은, 이 책에서 제시한 방법을 실천하면 자연스럽게 신뢰 관계가 형성된다는 점이다. 책의 제목을 바꾼다면 '신뢰 관계를 쌓는 요령'이라고 해도 어색하지 않을 것이다.

부디 이 내용을 실행해 함께 일하는 사람들과 진정한 관계를 만들어 가길 바란다.

마지막으로 꼭 전하고 싶은 말이 있다. 이 책은 자랑스러운 성공담이 아니라, 수많은 실패 위에 세운 실천 기록이다. 그런 실패를 허용해 준 회사, 그리고 나에게 '맡길 수 있는 자유'를 준 상사에게 깊이 감사한다. 만약 누군가 내 매니지먼트를 막았다면 이 책은 세상에 나오지 못했을 것이다. 주체성은 주체성을 부른다. 맡김은 연쇄적인 성장을 만들어낸다. 이 한 문장이 바로 이 책의 주제다.

끝으로, 이 책의 출간을 가능하게 해준 '일본 비즈니스서 신인상' 사무국 여러분, 프로듀서 나가마쓰 시게히사 씨, 스바루샤의 편집 담당자 여러분께 깊이 감사드린다. 또한 나의 가족과, 가족처럼 함께한 팀 동료들에게도 마음을 담아 고마움을 전한다.

이 책을 읽어주신 여러분, 그리고 여러분이 믿고 일을 맡긴 모든 사람들이 서로의 신뢰 속에서 행복해지길 바라며, 이 글을 마친다.

야마모토 와타루

미주

1, 5 《매니지먼트 [에센셜판]-기본과 원칙》 피터 F. 드러커 저 | 우에다 아쓰오 역 | 다이아몬드사(원서 Management: Tasks, Responsibilities, Practices(국내 번역서 《피터 드러커: 매니지먼트》 남상진 역, 청림출판)

2, 3 《붉은 송사리(赤めだか)》 다테카와 단슌 저 | 후소샤

4 TED 〈위대한 리더들이 행동을 이끌어내는 법(How Great Leaders Inspire Action)〉 사이먼 시넥(Simon Sinek)

믿고 맡기는 요령

1판 1쇄 인쇄 2025년 12월 1일
1판 1쇄 발행 2025년 12월 23일

지은이 야마모토 와타루
옮긴이 박재영

발행인 양원석 **편집장** 차선화
디자인 위앤드스튜디오 정승현
영업마케팅 윤송, 김지현, 최현윤, 유민경, 김수윤
해외저작권 임이안, 이은지, 안효주

펴낸 곳 ㈜알에이치코리아
주소 서울시 금천구 가산디지털2로 53, 20층 (가산동, 한라시그마밸리)
편집문의 02-6443-8861   **도서문의** 02-6443-8800
홈페이지 http://rhk.co.kr   **등록** 2004년 1월 15일 제2-3726호

ISBN 978-89-255-7287-1 (03320)

※ 이 책은 ㈜알에이치코리아가 저작권자와의 계약에 따라 발행한 것이므로
   본사의 서면 허락 없이는 어떠한 형태나 수단으로도 이 책의 내용을 이용하지 못합니다.
※ 잘못된 책은 구입하신 서점에서 바꾸어 드립니다.
※ 책값은 뒤표지에 있습니다.